CAZA DE BRUJAS

Caza de brujas
Primera edición: octubre de 2018

© 2018 Serenella Quarello (textos)
© 2018 Fabiana Bocchi (ilustraciones)
© 2018 Thule Ediciones, SL
Alcalá de Guadaíra 26, bajos 08020 Barcelona

Director de colección: José Díaz
Corrección: Laura Vaqué Sugrañes
Maquetación: Alvar Zaid

EAN: 978-84-16817-41-2
D. L.: B 24288-2018

Impreso por GPS Group, Eslovenia
www.thuleediciones.com

CAZA DE BRUJAS

Vida de las brujas de la historia,
de los cuentos y de hoy

Serenella Quarello

Ilustraciones:
Fabiana Bocchi

A Fabiana y Serenella, las primeras.

A Isabella M.B.

A todas las «brujas» libres que hubo y que hay.

Serenella Quarello y Fabiana Bocchi

Introducción

Todo lo que tiene nombre, existe.

J. M. de Barandiarán

Salud, dinero y amor, siempre nos falta alguno, o si los tenemos, siempre queremos más. Para mejorar nuestra salud, hoy en día disponemos de la medicina (que bebe de muchos conocimientos tradicionales). El dinero requiere esfuerzo o suerte. Y el amor, no nos engañemos, es muy complicado. Aunque existe una forma fácil de conseguir la salud que anhelamos, el dinero con el que soñamos (nunca es bastante) o el amor de la persona amada: la brujería. O eso cree mucha gente.

Porque lo cierto es que uno de los mayores logros del ser humano ha sido el método científico, que nos ha permitido confirmar conocimientos antiguos y hallar conocimientos nuevos en las ciencias. Ni la magia ni la brujería han demostrado nunca su poder, cosa que no ha impedido que hayamos creído en ellas a lo largo de la historia, o incluso hoy en día. Mucha gente sigue creyendo en la astrología, el horóscopo o la brujería. Los deseos humanos a veces son irresistibles y nos llevan a creencias que están por encima de la razón.

¿Qué es la brujería?

La magia es un arte que pretende obtener resultados contrarios a los que dictan las leyes naturales mediante actos o palabras. Desde que el ser humano existe ha necesitado intervenir para que las cosas se desarrollen a su favor: para atraer la caza, la fertilidad, las lluvias y alejar la enfermedad o la «mala suerte». Ya desde la antigüedad más remota hay constancia de la existencia de magos, astrólogos y adivinos en prácticamente todas las culturas: Babilonia, Grecia, Roma, China… Curiosamente, en aquellas épocas estas artes las ejercían mayoritariamente hombres y estaban ligadas al poder. Magia, ciencia y religión formaban un todo unido que comenzó a separarse con la aparición de las grandes religiones monoteístas y, más tarde, de la ciencia.

La mayor parte de las grandes religiones monoteístas no aceptan la práctica de la magia, la consideran una herejía, dado que discute sus postulados. Así pues, cuando el cristianismo se impuso en Occidente hubo una lucha para extinguir las creencias mágicas. El cristianismo apartó a la mujer de la jerarquía eclesiástica, de modo que la magia, que siempre había sido una práctica mayoritariamente masculina, comenzó a recaer cada vez más sobre las mujeres. Y es el cristianismo el que empezó a relacionar la magia con el Diablo.

El cristianismo promovió la distinción entre magia blanca y magia negra o brujería. La magia blanca es benéfica, busca el bienestar del individuo: oraciones para la buena cosecha, hierbas para curar de la enfermedad, amuletos para la buena suerte. La magia negra o brujería se distingue por propiciar maleficios para dominar o perjudicar a los demás: echar mal de ojo, que puede comprender desde provocar enfermedades, incluso la muerte, hasta ocasionar la ruina. El cristianismo demonizó la magia negra y comenzó a relacionarla con Satán, el Diablo, y cuando alcanzó el poder en Roma prohibió y condenó la práctica de la brujería, a través de concilios y leyes. Así, el primer documento medieval eclesiástico que habla de la brujería tal y como la concebimos hoy, es el famoso *Canon episcopi* (año 906), pero curiosamente lo hace para negar la existencia de las brujas, pues considera que los aquelarres y la brujería son creencias ridículas y heréticas.

La cacería

Pero es más tarde, en la Edad Moderna (siglos XV a XVIII), cuando se desata la histérica caza de brujas. Un libro concreto, de gran éxito, es el pilar en el que se basa esta persecución: *Malleus maleficarum* (Alemania, 1487), o Martillo de las brujas, de los inquisidores dominicos Heinrich Kramer y Jakob Sprenger, que entienden como real la existencia de la brujería, hasta entonces negada por la Iglesia. Será el terrible manual que sigan muchos inquisidores, el primer libro en asociar directamente a la mujer con la brujería, y que hace gala de una misoginia espeluznante, pues se trata a la mujer como un ser inferior. Según Kramer y Sprenger las mujeres son crédulas, débiles, supersticiosas, mentirosas y malvadas, por eso consideran que hay más mujeres que hombres en la práctica de la brujería. No olvidemos que la Iglesia siempre ha excluido a la mujer del sacerdocio.

La bruja representaba conocimientos antiguos, prácticas paganas que se consideraban peligrosas para el cristianismo. Pero además, la bruja representaba lo anormal, lo diferente, lo prohibido, la falta de certezas y, además, era una mujer. El eslabón débil perfecto a quien culpar de todos los males que afligían la sociedad: tempestades, granizos, hambrunas, epidemias, muertes misteriosas, intrigas políticas y todo lo que no tenía una explicación clara. Y de culpable, la bruja pasó a ser víctima.

Bastaba muy poco para una acusación: la menor sospecha, cualquier superstición, porque alguien les tenían antipatía, por ser muy viejas, o muy feas o demasiado guapas, o sabias, o poderosas, o porque tenían cualquier defecto físico, un lunar extraño, eran pelirrojas o simplemente porque conocían hierbas y curas naturales.

El juicio se instruía en varias partes: la acusación (a menudo un simple rumor o cotilleo), la detención (en la llamada «torre de brujas» en las que muchas no sobrevivían), el interrogatorio (con torturas tales como las máscaras de hierro, el potro, etc.), la prueba (buscar la «marca» de la bruja y las diferentes pruebas del agua, del fuego, etc.), la confesión y el auto de fe, momento en que la bruja debía arrepentirse. Para terminar, se ejecutaba la condena, ya fuera la muerte en la hoguera o, si tenía «suerte», el ahogamiento.

Frente a la histeria que se desató en Europa Central y del Norte por la caza de brujas, en España la Inquisición se dedicó prioritariamente a la lucha contra la herejía de judíos y moriscos, y dejó a las brujas en un término secundario, pues en lugar de encarnaciones del Diablo, las consideraba simplemente como personas que se dejaban llevar por la ignorancia. Proporcionalmente, en España, se condenó a mucha menos gente que en el resto de Europa, y a penas muy leves.

En el seno de la propia Iglesia se empezó a condenar la creencia en las brujas en el siglo XVII, hasta que finalmente se decretó el fin de las persecuciones contra brujas en 1657, si bien hubo procesos civiles hasta finales del XVIII. Anna Göldi, según parece, tiene el «honor» de haber sido la última ajusticiada, en Suiza, en 1782, en pleno Siglo de las Luces. Cuando la locura acabó, habían muerto miles de personas.

Los documentos dan fe de que las víctimas de los juicios por brujería fueron unas 12.000, pero ya que muchas sentencias no se registraron o se perdieron, se calcula que debieron de rondar los 100.000 procesos, y se estiman entre 40.000 y 60.000 las condenas a muerte. La mayoría de las víctimas eran solteras o viudas, pertenecientes a los estratos más bajos de la sociedad, si bien las hubo ricas, importantes y famosas, víctimas de intrigas palaciegas o intereses políticos o económicos.

Por increíble que parezca, la caza de brujas sigue en la actualidad en varios países africanos (Sudáfrica, Congo, Kenia o Tanzania) y asiáticos (Papúa Nueva Guinea), como reflejo de la superstición, el racismo o la xenofobia. A los albinos o los que tienen marcas de nacimiento especiales se les acusa de brujería y son víctimas de exclusión, persecución y linchamiento. Estas personas son mucho menos afortunadas que las brujas de los cuentos, que mueren solo en las páginas de papel de un libro.

El personaje

Brujas y escobas, normalmente, son las protagonistas de cuentos y fantasías. La escoba se asocia a la idea que normalmente todos tenemos de la bruja: fea, malvada, preparando pócimas para envenenar o encantar a pobres princesas. Es la bruja de los disfraces de carnaval y de Halloween, la que espanta a los niños y que puebla nuestras pesadillas nocturnas. Es la bruja de los cuentos de las abuelas junto a la chimenea las noches de invierno.

Pero la bruja es mucho más. A la bruja tradicional se le atribuyen artes mágicas tales como fabricar pócimas, hechizos, maleficios y conjuros, mal de ojo..., conocimientos que se transmitían oralmente de madre a hija, pues hasta después del año 1000 d. C. no aparecen los grimorios, librillos de recetas mágicas. Es amiga de ciertos animales y ella misma puede transformarse en animal. Algunas tienen fama de raptar niños, otras de prever el futuro.

Hay brujas en la literatura, en el arte, en la música y en la historia. Así que mejor será hablar de brujas y no de la bruja.

Esta ha sido nuestra intención: presentar 50 biografías, un abanico de las principales brujas de la realidad y de la ficción.

Pero, si la bruja, a lo largo de la historia ha sido burlada, torturada, encarcelada, quemada, o sea, una víctima, ¿por qué sigue siendo la reina de los monstruos, la espantaniños y maléfica protagonista de películas, teleseries, cuentos, novelas, tebeos y libros como el nuestro?

Pues porque la bruja es bruja y no es el hada madrina. La bruja, como es consabido, es médica y sabe curar, pero no todas sus prácticas eran y se llevaban a cabo para el bien. Como dice un documento del 1572, «la bruja sabe dañar y curar», algo propio de las deidades, que pueden ser creadoras y solares, así como destructivas y lunares.

A lo mejor no lo sabes, pero hay brujas hoy en día, entre nosotros: las hay malvadas, que convocan al Diablo y a las fuerzas oscuras, las hay buenas que convocan a las fuerzas de la Madre Tierra, como las brujas modernas de varios grupos europeos, sobre todo ingleses. Las hay tanto en Asia y Oceanía como en África. Sin olvidar América, donde se practica una magia mezclada con creencias religiosas que da pie a sincretismos muy interesantes como la santería y el vudú, o las brujas herbolarias y chamanas, todavía muy respetadas como alternativa a la medicina tradicional.

En todo caso, miles de años de brujería y magia han sobrevivido a inquisidores, intelectuales escépticos, hogueras, torturas... Y, muy probablemente, en el silencio y en la oscuridad de algún bosque o en plena ciudad, algunas brujas modernas siguen preparando tranquilamente sus brebajes, pócimas, invocaciones y hechizos.

Las brujas no han vuelto, simplemente siguen aquí.

A lo mejor tú también eres un poco bruja o brujo. Esperemos que este libro sea útil para que descubras tu parte más mágica, rebelde y libre.

LILITH

Y las otras

¿SOY LA PRIMERA mujer o la primera bruja?

Me llamaron bruja porque cuando mi marido, Adán, me ordenaba «¡Haz esto, haz lo otro!», yo, simplemente, me negaba. Hasta que me escapé.

Tuve muchos hijos, diablillos y espíritus que quedaron esparcidos por el mundo. Mi nombre, Lilith, encierra palabras antiguas como «espíritu» y «aire». Soy hermosa, tengo alas y patas de pájaro azul. Siempre me acompaña una serpiente.

No soportaba ser esclava de Adán, de modo que huí para, por fin, ser libre. ¿Fui una rebelde? Pues sí. Como toda nuestra familia, la de las brujas: libres, emancipadas, poderosas, encantadoras, fascinantes, malas, buenas, feas, guapas, ignorantes, sabias, BRUJAS.

Somos magas, corremos con los lobos, usamos hierbas y conjuramos hechizos de amor, leemos el futuro, volamos o soñamos con volar, nos transformamos en animales y los animales son nuestros servidores, nos reunimos para bailar y estar en la naturaleza, que es nuestra madre.

Nuestro árbol genealógico es impresionante. Las primeras fuimos: Isis, la diosa egipcia, Mari, la grande madre ibérica, Holda, la bruja del norte, y yo, Lilith, la bruja de oriente.

Tenemos hermanas en los cuentos: ¿qué serían Cenicienta, la Bella Durmiente o Blancanieves sin nosotras?

Contamos con brujas en todos los continentes. Algunas son famosas, otras son simples herbolarias y curanderas. Médicas, nos llamarían hoy.

Hay guerreras, envenenadoras, superheroínas. Algunas de nosotras son verdaderamente aterradoras, otras, unas pobres viejecitas que viven solas en el bosque.

La mayoría de las personas nos tienen miedo, aunque buscan nuestra ayuda.

Las más desafortunadas vivieron en los siglos XV, XVI y XVII. Los cazadores de brujas inventaron un tribunal para acusarnos, juzgarnos y quemarnos en la hoguera: el Tribunal de la Inquisición, creado en el s. XIII. La última de nosotras condenada por brujería fue Anna Göldi, en 1782, en Suiza.

Se celebraron cien mil procesos por brujería y se calculan entre 40.000 y 60.000 las condenas a muerte que se ejecutaron. Hoy ya no hay juicios por brujería en nuestro entorno, pero no han dejado de existir los cazadores de brujas y, en muchos lugares del mundo, se sigue creyendo en la brujería.

¿Las brujas existimos? Tal vez sí, pero no como cree la gente verdaderamente malvada.

Este manual lo escribimos todas juntas, léelo y descubrirás quiénes somos. Y, tal vez, un mundo que no te esperabas.

Lilith es una diosa o espíritu mesopotámico, aparece también en la Biblia y en la Cábala. La magia judía la considera como primera esposa de Adán y ejemplo de mujer malvada, pero libre de elegir.

Los cazadores de brujas

Malleus maleficarum (Martillo de las brujas, 1486) supuso tal éxito editorial que de inmediato se convirtió en la mayor autoridad en cuanto a la caza de brujas y brujos. Un verdadero manual del horror que muchos otros inquisidores, escritores, abogados, jueces, además de los dos autores, Kramer y Sprenger, siguieron al pie de la letra para desatar siglos de persecuciones y muertes:

Quien no cree en la brujería, ya es culpable de brujería por el simple hecho de no creer. Las brujas son una secta que practica la ciencia maléfica: untan y vuelan sobre escobas, participan en aquelarres, hacen pócimas y hechizos de amor y de muerte, convierten a los hombres en animales, provocan tempestades y granizos, adoran al Diablo, raptan niños, hacen enfermar y matan. Hay que perseguirlas, torturarlas y condenarlas a la hoguera.

Heinrich Kramer y Jakob Sprenger inauguraron una larga lista de cazadores de brujas: Nicolas Jacquier, Nicolas Remy, Jean Bodin, Pierre de Lancre, Gianfranco Pico de la Mirandola, Bernardo Rategno, Peter Binsfield, Tomás de Torquemada, Henri Boguet, Nicolás Eymerich, Pedro de Valencia, Giulio Antonio Sartori, Johannes Nider, Heinrich von Schulteis, Francesco Maria Guazzo, Matthew Hopkins, Giulio Scribani...

Isis

La bruja egipcia amiga de la Luna

I MADRE ES NUT, el Cielo, y mi padre es Geb, la Tierra. A mí me gusta el cielo de noche, lleno de estrellas, por eso siempre llevo una luna en los brazos, sobre mi cabeza o en mi frente. Mi hermano-marido es Osiris. Sí, es así, en el Antiguo Egipto un hermano puede ser tu esposo. Somos dioses, no personas cualquiera. Yo soy la madre del universo y la reina de las sombras.

¿Quieres conocer nuestra historia? Osiris y yo teníamos un hermano, Seth, malvado y envidioso. Un día construyó un sarcófago con las medidas de Osiris. Luego propuso un juego: a ver quién encajaba mejor dentro del sarcófago. Todos lo intentamos, pero resultaba demasiado grande o pequeño. Desde luego, cuando mi hermano Osiris entró, encajó perfectamente. Seth, el muy ladino, selló la tapa del sarcófago con plomo fundido y lo arrojó al Nilo.

Te puedes imaginar mi desesperación. Lo busqué por todas partes. Necesitaba hallar el cuerpo de mi hermano. Unos niños me dijeron dónde estaba: el sarcófago se había quedado enredado en las raíces de un tamarindo que, gracias al poder de mi querido hermano, se había vuelto enorme.

Tan grande se volvió que el rey de la ciudad de Biblos, que es donde se encontraba el tamarindo, lo mandó talar para colocarlo en el centro de su nuevo palacio como si fuera una columna gigante.

Me gané la confianza de la reina, quien me ofreció darle de mamar a su hijo pequeño, un gran honor para una mortal, pero no sabía que yo era mucho más importante y poderosa que ella. ¡Si me hubiera visto mientras le ofrecía la leche a través de… mi dedo índice! De todas formas, todavía no había llegado el momento de revelárselo.

Cuando llegó el momento me llevé el sarcófago y dejé el tronco del tamarindo, pero me vio su hermano mayor, el muy soplón y, nada, tuve que matarlo. Con tan solo una mirada. Me dio algún reparo, pero las brujas somos así: podemos hacer tanto el bien como el mal. Mejor que lo sepas.

Cuánto lloré al ver el cuerpo de mi pobre Osiris. Lloré tanto que no me di cuenta de que Seth aprovechó mi despiste para robarme nuevamente su cadáver y hacerlo pedazos. Catorce pedazos que escondió en lugares secretos. Pero mi malvado hermano no tuvo en cuenta que mi amigo Anubis, el poderoso dios con cabeza de chacal, era un perro y tenía olfato de perro y olisqueando por todas partes, me ayudó a encontrar las catorce partes. Completé el puzle de Osiris y luego, sin perder un solo minuto, me casé con él. Ya te he dicho que al ser deidades podíamos casarnos entre hermanos. Tuvimos un bonito bebé-dios: Horus, con una bella cabeza de gavilán. Muy poderoso. Pronto se vengó de su tío Seth.

Osiris pudo subir al cielo, junto con Ra, el Sol. Nos vemos poco, él está despierto de día y yo de noche, pero bueno, nos queremos igualmente. Y además ahora me divierto fastidiando a Ra para que me revele sus fórmulas mágicas, sobre todo me gustaría aprender el secreto de la vida eterna encerrado en su misterioso nombre. Tiene 72 pero solo uno es el correcto. Quién sabe, algún día tal vez…

Isis consiguió que una serpiente mordiera a Ra, y el dolor fue tan grande que el pobre dios del Sol tuvo que revelarle a Isis el codiciado secreto, la palabra mágica para conseguir la vida eterna a cambio de un antídoto contra el veneno. ¿Tú también quieres descubrir el nombre secreto de Ra? Pues hay que practicar la magia de Isis porque nosotras tampoco lo conocemos. ¡Es secreto!

Hechizo de la luna

Ingredientes
Unas hojas de laurel, la luna.

Cuándo
En una noche de luna llena, mejor si es el primer viernes de luna llena.

Dónde
En un lugar tranquilo y frente a la luna.

Cómo
Frota las hojas de laurel en tu mano, medita, concéntrate, pronuncia claramente tu deseo.

Colofón
Agradece a la luna haberte escuchado.

UNA BRUJA, TRES BRUJAS

Hécate, Proserpina, Diana

—**A**buela, ¿adónde vamos? Es de noche. Tengo miedo.

La pequeña nieta de Pierina de Brugatis caminaba despacio de la mano de su abuela. Tenía la mirada en el cielo porque su abuela miraba algo allí arriba, pero ¿qué miraba?

—No te preocupes, mi niña, ya te lo he dicho, somos brujas, tú también aprenderás el oficio. Pero esta noche es especial y nuestra maestra cruzará el cielo. Nosotras también vamos al mismo lugar al que ella irá. Al Gran Juego.

«Bueno —pensó la pequeña aprendiz bruja—, si se trata de un juego…»

Poco a poco la oscuridad del cielo se abrió para dar paso a un desfile especial.

Apareció una mujer enorme y luminosa con una diadema de serpientes, un látigo en la mano y una jauría de perros negros de ojos incandescentes que aullaban siniestros.

La nieta de Pierina se estremeció y estrechó la mano de su abuela.

—¿Es aquella nuestra maestra? No me gusta.

—No tengas miedo. Es nuestra Madre. Se llama Hécate, pero observa, tiene tres caras: la de Hécate, la diosa del cielo nocturno, y la de Diana, ¿ves que la siguen muchos perros? Diana es la diosa de la caza. A ella también le gusta moverse de noche como a nosotras.

—A mí no me gusta salir de noche, abuelita.

—Te gustará, te gustará…

—Pero sí me gusta la luna de plata que tiene en el pelo. ¡Qué bonita!

La luna es amiga de las brujas, sobre todo de las primeras brujas, las más antiguas.

—Abuela, me has dicho que son tres, pero falta una.

—Hécate, Diana y allí viene la tercera, Proserpina, se la reconoce porque siempre lleva un manojo de trigo y un gallo. Pero su historia es muy triste. El dios del Infierno, del mundo subterráneo, Plutón, se enamoró de ella y la raptó. Eso fue un día en que Proserpina recogía narcisos en un campo. Se la llevó al Infierno, pero no el que tiene llamas y diablos, sino un lugar muy oscuro. Proserpina estaba tan desconsolada que Plutón le permitió salir de allí y dar un paseo por el cielo que tanto amaba. Solo cada quince días. Por eso solo de vez en cuando la luna está redonda y amarilla como esta noche. Cuando es menguante es porque Proserpina ha vuelto al mundo subterráneo con su esposo. ¡Y ahora, a jugar al Gran Juego de Diana!

Pierina de Brugatis, junto con su compañera Sibilia, fue quemada como bruja en una plaza de Milán por haber contado y descrito el Gran Juego de Diana, probablemente un aquelarre de mujeres que volaban por el cielo detrás de la Gran Maestra de Oriente, la cual reunía en una única persona a Hécate, Diana y Proserpina, diosas de la Antigüedad. Afortunadamente, su nieta se escapó y ahora se divierte jugando al Gran Juego.

Supersticiones en la Antigua Roma

Los antiguos romanos eran muy supersticiosos y se defendían así de las brujas como Hécate:

- Si al salir de casa tropezaban, era mejor regresar a casa y encerrarse, lo mismo valía si cantaba una gallina en lugar del gallo. Y al salir de casa nunca pisaban la calle con el pie izquierdo.
- No tenían miedo de los gatos negros, pero de los perros negros, sí.
- No se podía estornudar durante la comida, y si el número de las personas sentadas en la mesa era impar, estaba prohibido callarse, así que parloteaban todo el rato.
- Antes de librar una batalla, observaban a las gallinas: si picoteaban trigo, buena señal, si no comían, mejor dejar la guerra para otro día. Eso sí, siempre conjuraban a Hécate para que los ayudara en las batallas.
- Tenían mucho miedo de las miradas de ciertas mujeres porque creían que eran capaces de echar mal de ojo y su única manera de protegerse de él era tener en casa una pata de conejo.

La Celestina

Las hechiceras de la ciudad

Calisto era un joven impetuoso y un poco loco, loco de amor por la bella Melibea. La vio en su huerto un día en que perdió su halcón y de inmediato se enamoró de ella. En cambio, Melibea, no se enamoró de él. No quería saber nada de Calisto. Melibea la desdeñosa, Calisto el desesperado.

Entonces Sempronio, uno de los criados de Calisto, le dijo que conocía a una vieja mujer que sabía de conjuros y hechizos de amor. Se llamaba Celestina.

—¡Celestina! —gritó el otro criado, el joven y pánfilo Pármeno—. ¡La conozco! Era una antigua amiga y compañera de fechorías de mi madre. No, no, no, mi señor Calisto, no le pidas ayuda a esa vieja, no se puede confiar en ella. Todos hablan mal de Celestina. Labradores, herradores, todos la odian, los perros ladran cuando pasa por las calles, los burros rebuznan y las ranas cantan su nombre maldito. Hasta las piedras, al chocar una contra la otra, hacen resonar su nombre como un insulto. Hágame caso.

Pero como Calisto era impetuoso y estaba enamorado, no le hizo caso y se fue a pedir consejo y ayuda a la vieja Celestina, que así habló:

—Me llaman Celestina, y dicen de mí muchas cosas: hechicera, alcahueta, bruja, maga, falsa, mentirosa, codiciosa, avara y otras más que aquí no me gusta recordar. ¿A mí qué me importa? Soy todo eso y mucho más. Vivo en mi pobre casita junto con ladrones, mendigos y pícaros. Pero nadie tiene derecho a ofenderme, pues vivo de mi trabajo y en la ciudad todos buscan mi ayuda: mercaderes, nobles, usureros, cortesanos y damas.

»He de admitir que me costó convencer a Melibea para que aceptase el amor de Calisto, pues era una buena moza. Era. Ya no. Al principio, nada, no quería ni escuchar su nombre. Pobre Calisto. Luego se me ocurrió una idea: decirle que el pobrecito tenía dolor de muelas y como ella tenía un cordón con fama en la ciudad de sanar dolores como el de muelas, conseguí que se encontraran y a Melibea el encuentro no le pareció mal. Pero lo que realmente funcionó fue mi superconjuro:

»Te conjuro, triste Plutón, dios del Infierno, yo Celestina, tu más conocida cliente, te conjuro por la fuerza de estas letras rojas, por la sangre del ave con que están escritas, por el veneno de las víboras con que este aceite está hecho, con el cual impregno este hilo. Ven y entra dentro de este cordón para que Melibea lo compre y quede enredada de modo que cuando lo mire, ame a Calisto.

»Yo era lista y poderosa. Plutón me tuvo que escuchar porque de no ser así, le hubiera costado caro… je, je, je. El problema fue cuando los dos malditos y avaros Sempronio y Pármeno quisieron que yo les diera la mitad del cinturón de oro que Calisto me regaló para agradecer mis servicios. Yo no quise y, los muy malvados, me apuñalaron. Sí, señores, me causaron la muerte. Pero como hay una venganza para cada mala acción, ellos también murieron perseguidos por los alguaciles. Y Calisto también murió al caer de la escalera con la que quería subir al cuarto de Melibea. Creo que el autor de nuestra historia nos tenía ojeriza. Debería pensar algo contra él. Je, je, je.

Celestina aparece en una obra maravillosa de la literatura española escrita por Fernando de Rojas, la <u>Tragicomedia de Calisto y Melibea</u>, que todo el mundo conoce como <u>La Celestina</u> porque ella es, sin duda, la verdadera protagonista.

Protecciones contra las brujas y malos espíritus

Si en su época le hubieras pedido un amuleto a la Celestina, ella te habría preparado un «cinturón de los dijes» muy especial del que colgarían una campanilla, patas de animales, coral, un diente y otras cositas misteriosas. Pero, hoy en día, ¿con qué se protege la gente en el mundo?

Si vives en China, llevarías el talismán del laberinto taoísta, rojo y negro, cielo y tierra, pero dicen que para que funcione ha de llevar el *shou*, que significa «larga vida».

Si vives en Oriente, India y Tíbet, no deberías olvidarte de colgar una máscara; aunque parecen terroríficas, se cree que son espíritus protectores.

Si vives en Japón, un colgante con una concha de cauri (un molusco típico de Oriente) con una pequeña brújula se supone que te ayudará a no perderte y te protegerá de los males del mundo.

Si vives en Malasia, para alejar el mal dicen que has de colgar en la pared un *didouri*: una hermosa estatuilla femenina de madera que lleva un peine para deshacer los influjos malignos y un espejo para reflejar las energías negativas.

Si vives en el mundo árabe, se cree que llevar un colgante con la mano de Fátima, hija de Mahoma, te protegerá de todo y de todos.

Si hubieses vivido en el Antiguo Egipto, hubieras llevado siempre contigo un amuleto poderoso: el escarabajo turquesa.

Si hubieses vivido en tiempos vikingos en los países nórdicos, una serpiente entrelazada de plata o de oro sería la gran benefactora mágica; te hubiera protegido de las malas personas.

Si vives en Italia, hoces, cuchillos, horcas y hachas se cree que espantan a diablos y brujas, pues odian el hierro. Si bien el mejor amuleto es el cuerno rojo napolitano de la buena suerte, dicen que es infalible.

¿Qué diferencia hay entre un amuleto y un talismán? El amuleto solo te protege, es pasivo, mientras que el talismán es más poderoso, porque es activo, es decir, que favorece la magia.

AZUCENA

Las brujas van al teatro

—**D**I QUELLA PIRAAAAA, l'orrendo focoooo —canta el tenor en la terrible historia de la gitana Azucena—. De aquella hogueraaaa, el horrible fuegooooo.

Pero ¿de qué fuego se habla?

Todo ocurrió en Aragón, en el siglo xv. La historia es un poco complicada.

—¡Escuchad! —llamó el capitán de las guardias—. ¿Os habéis enterado? Los soldados han encontrado el paradero de la que raptó y quemó al hermano menor de nuestro conde de Luna. Está aquí cerca, en un campamento de gitanos.

—¿La bruja Azucena? ¿Han atrapado a la bruja gitana? —dijo un soldado.

—Pero ¿por qué lo hizo? Quemar a un pobre niño… —preguntó otro.

—Para vengarse de que el padre de nuestro conde de Luna, el viejo conde, había mandado llevar a la hoguera por brujería a su madre, a la madre de Azucena. Bruja la madre, bruja la hija…

Mientras tanto, sin saber nada de todo esto, la bella Leonor habla en secreto con su enamorado, un misterioso y guapo trovador, Manrique, que le escribe poemas de amor. Pero el conde de Luna, que se muere de celos porque está enamorado de Leonor, los descubre y desafía a duelo a Manrique.

¿Qué tiene que ver esa historia de odio y amor con la bruja Azucena? Pues resulta que Manrique, el trovador, es el hijo de la bruja Azucena, pero no es brujo, es músico. Un músico en peligro.

También su madre, Azucena, corre peligro de muerte. Está en el campamento de los gitanos, que se calientan alrededor de una hoguera.

Luces espantosas se dibujan en la cara de la bruja a la vez que cuenta lo que sufrió cuando el viejo conde quemó a su pobre madre.

—Cegada por el dolor —cuenta Azucena—, rapté al hijo menor del conde. Sin embargo, aquella noche trágica estaba tan cegada por la locura y la rabia que, en lugar de tirarlo a él al fuego, me equivoqué y arrojé a mi propio hijo, que era un bebé. Ay, qué barbaridad cometí. Pese a todo, después lo he criado como si fuera hijo mío y siempre lo he amado.

Así Manrique, que estaba sentado al lado de la que creía ser su madre, descubre que no es su hijo sino… el hijo menor del viejo conde y, sobre todo, el hermano menor del conde de Luna, ¡su peor enemigo! Todo sucede con rapidez: el conde de Luna encarcela a Azucena, quiere matarla. Manrique, a punto de casarse en secreto con Leonor, corre para salvar a «su madre» pero el conde ordena su arresto, y queda muy satisfecho por haber atrapado a sus enemigos, Azucena y Manrique. Leonor se ofrece como esposa a cambio de la libertad de Manrique, pero su intención es otra y toma un veneno. El conde acepta, pero descubre el engaño, Leonor muere, el conde mata a Manrique y Azucena le revela la verdad:

—¡Has matado a tu hermano!

La tragedia se ha cumplido y Azucena ha vengado a su madre.

La historia nos la ha contado, o más bien, cantado, el compositor italiano Giuseppe Verdi, en su famosa ópera Il trovatore, que se basa en la novela de Antonio García Gutiérrez, El trovador.

Música embrujada

Clásicos brujeriles

- *Trillo del diavolo*: de Giuseppe Tartini, 1713, parece ser que el compositor se inspiró en un sueño en el que hacía un pacto de brujería con el Diablo.

- *El aprendiz brujo* (1897): poema sinfónico de Paul Dukas. Un aprendiz de mago hechiza a una escoba a fin de que le ayude a cargar agua en un cubo para limpiar el suelo, pero la escoba se multiplica, toma vida propia y huye del control del pobre mago.

- *El amor brujo* (1915): ballet de Manuel de Falla. Una chica gitana, Candela, entre hechizos, magia y miedo, vive atormentada por el amor de un exnovio malvado y falso, ya muerto, celoso de su nuevo novio, Carmelo. Un beso de amor entre Candela y Carmelo lo alejará definitivamente.

- *El mago de Oz*: película musical protagonizada por Judy Garland, la niña protagonista, y donde aparecen brujas buenas y malas, un espantapájaros, un hombre de hojalata, un león cobarde y seres fantásticos. La canción más famosa es *Over the rainbow*, con música de Herbert Stothart.

- *Night on Bald Mountain* (1941): de la película *Fantasía*, de Walt Disney, basada en una leyenda rusa de brujas, a la que el compositor Petrovic Musorgskij dedicó *Noche de San Juan en el Monte Calvo* (1867) sin poder representarla en vida. Se trata de un monte ucraniano, el Lysa Hora, donde las brujas celebran sus aquelarres.

Modernos diabólicos

- *Black Magic Woman* (1968): una canción que Peter Green escribió para los Fleetwood Mac pero que hizo célebre Santana. Trata de un chico muy enamorado, convencido de ser víctima de un hechizo de amor.

- *La Llorona*: una canción popular mexicana con muchas versiones, una de las más conocidas es de Chavela Vargas. Habla de la leyenda la Llorona, el alma en pena de una mujer vestida de blanco que mató a sus hijos y amó apasionadamente.

- *Witchy woman* (1976): forma parte del famoso álbum *Hotel California* de los Eagles. Se describe a una mujer-bruja muy peligrosa y que hechiza de amor con su magia.

- *Rhiannon* (1976): una canción de los Fleetwood Mac. Habla de una mujer, Branwen poseída por otra, Rhiannon, protagonista de una leyenda galesa que se encuentra en la novella *Triad* de Mary Leader.

- *Moonlight Shadow* (1983): una canción que Mike Oldfield grabó en colaboración con la cantante Maggie Reilly. El cantante declaró que se había inspirado en la película *El Mago Houdini* en la que Tony Curtis trata de entrar en contacto con el mago muerto.

- *Burn the witch* (2016): una canción de la banda británica Readiohead (álbum *A moon shaped pool*), el video es una animación, un homenaje a la teleserie para niños *Trumptonshire Trlogy* y a la película *The wicker man*.

ÉRASE UNA VEZ...
UNAS BRUJAS MALAS Y FEAS
Las brujas de Ricitos de Oro,
de la Bella Durmiente y de Hansel y Gretel

LAS TRES BRUJAS estaban sentadas alrededor de un brasero para calentarse los pies y los escuálidos cuerpos, charlando y refunfuñando sobre sus penas.

—Me he retirado a vivir en mi choza del bosque, ya no quiero saber nada de príncipes ni princesas, son unos desagradecidos —dijo la bruja de *La Bella Durmiente* sacudiendo la cabeza.

—Tienes razón, amiga mía —agregó la bruja de *Verdezuela*—. ¿Quieres saber lo que me pasó a mí? Pues que mis vecinos me robaron unas verdezuelas riquísimas del jardín. ¡De mi propio jardín!

—Hoy en día no hay educación, ese es el problema —añadió la tercera bruja, la de *Hansel y Gretel*, a la vez que intentaba desenredarse el pelo medio quemado—. Y ¿qué hiciste, querida?

—¡Los pillé! Bueno, pillé al marido, quien me dijo lloriqueando que su mujer estaba embarazada y que había visto aquellas verdezuelas mías tan apetitosas y que no había podido resistirse y blablablá. Así que le dije que sí, que podía llevárselas para su ensalada con la condición de que me diera su primer hijo que, como soy bruja, yo ya sabía que era una niña. Y el tonto lo hizo. Me quedé con aquella preciosidad de niña y la encerré en mi torre sin puerta. Se hizo mayor y le crecieron tanto los cabellos que con ellos tejió una trenza muy larga. Cuando iba a verla, Verdezuela, que así la llamé, me soltaba su cabellera por la ventanilla de la torre y yo escalaba. El problema fue cuando pasó un príncipe por ahí y...

—¡Uy, malditos príncipes!

—Unos impresentables. Se enamoró de mi Verdezuela y aprendió a

escalar hasta su cuarto tal y como lo hacía yo: trepando por la trenza. Así que no tuve más remedio que cortársela. Y Verdezuela tuvo la osadía de quejarse y eso que el pelo tan largo ya no se llevaba. No se merecen nada.

—No me digas. Y yo que vivía en mi casita de mazapán y vinieron esos dos malnacidos de Hansel y Gretel y se comieron media casa…

—La verdad es que hiciste tu casa para atraer a los niños, sé sincera, amiga mía.

—Sí, y cuántos me comí. ¡Qué tiempos aquellos! Hasta que llegaron esos dos niñatos traviesos. Encerré en una jaula a Hansel y lo atiborré de comida para que engordara y comérmelo luego asado con patatas fritas. La otra me ayudaba en la cocina. Pero como veo muy poco, cuando le pedía que sacara un dedo para ver si estaba gordito, Hansel me sacaba un huesecillo de pollo, el muy truhan. Y yo venga esperar. Al final decidí comérmelo tal como estaba, todo enclenque. «¡Gretel, prepara el horno!», le grité a la hermanita. Pero me contestó que no sabía si el horno estaba listo y yo, tonta requetetonta, asomé la cabeza y ella me empujó adentro, liberó a su hermano y hasta me robaron el tesoro que guardaba bajo las baldosas de mi cocina. Y ahora mira qué peinado chamuscado tengo. Ay, pobre de mí.

—No nos quieren a las brujas. Y eso que yo, si me hubieran invitado al bautizo de la Bella Durmiente, le habría dado un regalo tal como lo hicieron las hadas. Por ser guapas y jóvenes, el rey y la reina las invitaron y a mí no. ¿Qué podía hacer? Vengarme. Y lo hice. Ay, qué divertido fue llegar al salón de fiestas del castillo y amenazarlos a todos: «Al cumplir los quince años la princesita se pinchará el dedo con un huso y morirá». Pero no tuve en cuenta que la más joven de las hadas, escondida detrás de una cortina, convirtió mi maldición en un sueño de muchos años.

Hay tantas brujas en los cuentos, todas malvadas, envidiosas y feas. Pobres, sus víctimas son muy desagradecidas y al final las brujitas terminan quemadas, arrojadas por una montaña, devoradas por las serpientes, disueltas en el agua…

La biblioteca de los libros de hechizos

Magia, pócimas y hechizos de siempre se encuentran recogidos en unos libros misteriosos y antiguos llamados «grimorios». Están escritos a mano y algunos de ellos son muy conocidos entre brujas y magos.

En el *Libro de Abramelín el Mago* se cuenta que Abraham, de Worms (Alemania), viajó hasta Egipto para conocer a este famoso mago y que le enseñara los secretos de la cábala, una interpretación mágica de la tradición bíblica. El *Ars notoria* permite adquirir buena memoria y sabiduría en los estudios a sus lectores, sobre todo en matemáticas, geometría y filosofía. Estos libros y muchos más se remontan al más antiguo, *La clave de Salomón*, atribuido al rey sabio Salomón.

Pero, ten cuidado, porque no se permite su traducción ni explicación a quienes no sean sabios y bondadosos, sobre todo las fórmulas y oraciones. Estos libros eran para pocos. La mayoría de las brujas transmitían sus conocimientos oralmente de madre a hija, pese a que los hechizos pudieran ser muy complicados.

Algunos de los ingredientes habituales de las pócimas eran:

- Para volar: la belladona, la grasa de niños, las hojas del chopo, el azafrán, el musgo.
- Para los filtros de amor: el pachulí y la verbena.
- Contra el mal de ojo: la hierbabuena y la sal.
- Para suscitar enemistades: el azufre y la pimienta.
- Para separar a los enamorados: sangre de pichón, entrañas de ratones y sapos.

No los vas a encontrar en el supermercado y, si los encuentras, no te aconsejamos que los uses. Algunos son peligrosos de verdad y solían provocar delirios en las brujas. Otros son asquerosamente repugnantes. A los niños y animales hay que respetarlos, y el azafrán… queda mejor en un buen arroz.

AGNES Y MERGA

Brujas de agua y cenizas

Agnes

ME LLAMO AGNES y hoy soy agua, una bruja hecha de agua. Casi una sirena. ¿Te gustaría saber por qué? Te voy a contar mi historia.

Primero, me presento formalmente. Mi nombre es Agnes Bernauer, una brujita alemana. Decían de mí que era muy hermosa. Mi pelo rubio y largo está entrelazado con algas y llevo en la frente una diadema que me regaló mi gran amor, el joven duque Alberto III de Baviera. ¡Qué guapo era! Lo vi por la primera vez en los baños de la ciudad de Augsburgo, donde ayudaba a mi padre, que era barbero.

Alberto, al regresar de la caza, tenía por costumbre parar en los baños y allí nos enamoramos. Nos queríamos mucho, pero en secreto, porque yo era pobre y él noble y su padre quería para él una mujer rica y de alta alcurnia.

Aun así, llegamos a casarnos en secreto y me mudé cerca de su palacio. Todas las noches venía a verme y éramos muy felices.

Pero su padre nos descubrió y un día terrible, aprovechando que su hijo estaba en una cacería, mandó a sus guardias a por mí. ¡Qué miedo!

—¡Eres una bruja, has hechizado a mi hijo con filtros envenenados! —me acusó el duque.

Yo le dije que amaba a su hijo, que era su esposa. Pero nada, no me quiso escuchar.

—Bruja, bruja…

—Sí, lo he hechizado, es cierto, pero… —admití.

No pude terminar la frase. Me prendieron y me arrojaron al río. Y aquí estoy, convertida en agua.

Lo que quería decir era que sí que lo había hechizado, pero con amor verdadero. Fue un hechizo de amor. Esta es mi historia.

Merga

A MÍ TAMBIÉN ME ACUSARON de practicar la brujería y os voy a contar por qué. Los hechos ocurrieron después, querida Agnes, en el siglo XVII. Pero soy alemana como tú. Tú ahora eres agua y yo soy ceniza. ¿Sabes por qué me quemaron? Por haber tenido tres maridos. ¿Te parece absurdo? Pues así fue. Un hombre podía casarse todas las veces que deseara si se quedaba viudo. En cambio yo, por ser mujer y quedarme viuda dos veces, me convertí en sospechosa de haber matado a mis esposos.

Y todo a causa de la envidia de mis vecinos, pues al haber heredado mucho dinero de mis dos maridos era rica y sabía cómo administrar las cuentas. ¡Envidia! Pura envidia.

Cuando empezó el gran proceso de Fulda (Alemania), no dudaron en denunciarme por bruja de inmediato. Mi tercer marido, el pobre, intentó ayudarme, anunció a los inquisidores que estaba embarazada y suplicó que me dejaran libre. Sin embargo, le respondieron:

—Es bruja, y su hijo es hijo del Diablo...

—Es hijo mío, no es hijo de ningún Diablo —juró mi marido.

Pero nada, no hubo forma. Y nos quemaron a los tres.

Por eso hoy somos cenizas, pero cenizas embrujadas.

La bella Agnes Bernauer fue arrojada al río en 1435. El padre de Alberto, el duque de Straubing, después se arrepintió y mandó construirle una capilla en el cementerio de Saint Peter. El poeta F. Hebbel le dedicó un poema y el compositor C. Orff una ópera. Merga Bien, rica heredera, causó envidias entre sus vecinos, quienes la acusaron de brujería. Como resultado murió en la hoguera en 1603 durante el famoso proceso de las brujas de Fulda, Alemania.

La pinacoteca de las brujas

Circe y sus amantes (hacia 1525), Dosso Dossi . El pintor realizó este lienzo para el palacio de la familia d'Este de Ferrara. Circe escribe fórmulas mágicas rodeada de animales, «sus amantes»: una lechuza, una garza, un ave de rapiña, un ciervo y dos perros; a sus pies hay un libro de hechizos.

Vuelo de brujas (hacia 1798) Francisco de Goya. Vuelan tres brujos con capirotes y torso desnudo. Se llevan a un hombre desnudo insuflándole aire. Bajo ellos, un hombre se cubre la cabeza con una manta blanca, otro se tapa los oídos y hay un asno, símbolo de ignorancia.

El aquelarre (hacia 1798) Francisco de Goya. De la misma serie. El Diablo, en forma de macho cabrío, protagoniza un aquelarre. A su alrededor unas brujas le traen niños, una ofrenda macabra. En el cielo nocturno, la luna y unos murciélagos, simbolizan el oscurantismo.

La Masca y la Borda

Los cuentos de las abuelas

La Masca

Una granja en el campo, Piamonte, Italia. La abuela, durante las noches frías de invierno, contaba historias a sus nietos, al calor de la estufa:

SE LE HABÍA HECHO tarde al señor Martín. Había pasado toda la tarde jugando a las cartas con sus amigos. La luna ya estaba bien alta en el cielo, aunque era una luna pequeñita todavía y el sendero era oscuro. Martín apresuró el paso. No le gustaba mucho ir solo y para llegar a su casa, que estaba bastante aislada, tenía que andar un buen trecho. El bosque a la derecha y las colinas oscuras a la izquierda. Le faltaba poco para llegar, unos quinientos metros, cuando Martín se detuvo: delante de él, en un árbol no muy alto, centellearon unas lucecitas y de repente se le apareció un monstruo emplumado que clamaba lúgubres versos. No se lo pensó dos veces: Martín se dio la vuelta y echó a correr hacia el pueblo dejando una estela de naipes en el sendero. ¡Qué susto! Dormiría en el mesón del pueblo aquella noche.

Después de un rato aterrizó un carro destartalado y la bruja-monstruo emplumado se aupó al carro, donde ya había cinco brujas:

—¡Vamos una, dos, tres, cuatro, cinco y vamos seis! —gritaron, y soltando una horrible carcajada, se fueron volando por los aires.

Bonesia era una *masca*, como llaman en el Piamonte a las brujas. Tenía el pelo canoso, los ojos de sapo, pocos dientes y era muy traviesa y un poco diablilla. Le gustaba gastar bromas, como la de meterse debajo de la cama de la gente dormida para quitarle la colcha poco a poco, arrastrar cadenas en la buhardilla o subirse a los árboles después

de haberse disfrazado de pájaro gigante con plumas de gallina; justo lo que le había hecho al pobre Martín.

Tened cuidado, criaturas, cuando vayáis por el bosque y sobre todo al pasar por delante de la casa de las *mascas*.

La Borda

Emilia-Romaña, Italia, en la llanura. La abuela, durante las noches frías de invierno, contaba historias a sus nietos, junto a la lumbre de la chimenea:

MIRAD POR LA VENTANA, niños, todo es gris, hay un mar de niebla, niebla por todas partes. No se sale de casa en días así. De las ciénagas, de la niebla, del vapor de esta humedad que viene del río, sale la Borda.

Solo con oír ese nombre espantoso, los nietos se estremecen. La Borda es una bruja escuálida, cubierta de vendas y comeniños. Pero hay una canción que sirve de conjuro y la mantiene alejada en los vapores de la niebla, donde espera escondida y rencorosa:

> Nana, nana de la Borda
> que ata a los niños con una cuerda,
> con cuerdas y con cordeles finitos.
> Luego aprieta bien a los niñitos.
> Aprieta, aprieta y los ata,
> aprieta un poco más y luego los mata.

La Masca es la bruja piamontesa y la Borda es la bruja de la llanura del río Po. Parece ser que ambos nombres se remontan a la palabra <u>máscara</u>. La máscara es un medio que usan brujas, chamanes, brujos y magos para moverse por el mundo de los espíritus.

La bruja fea y mala

Así debe ser la perfecta bruja fea:

Nariz con pústulas y verrugas,
mejillas secas y excavadas,
y muchas arrugas.
Labios gruesos y pocos dientes en la boca,
mentón prominente
y de barba no poca.
Puntiagudas orejas,
uñas negras y largas,
ojos grandes como platos,
pelo canoso, despeinado y sucio,
un poco de joroba y gruesas cejas.

Las brujas de las tempestades
Anne Koldings y Agnes Sampson

Dinamarca, 1589

EL CIELO SE VOLVIÓ negro, las nubes se amontonaron y el mar se embraveció. Las olas espumosas alcanzaron alturas enormes. El barco intentaba sobrevivir a la tormenta que pronto se convirtió en una tempestad marina como nunca se había visto.

La joven princesa Ana de Dinamarca, estremecida de frío y miedo, temblaba a bordo, acechando el oleaje. Temía no llegar a ver nunca a su prometido, Jacobo VI de Escocia, quien ya la estaba esperando para desposarse.

El barco en el que viajaba la princesa danesa subía y bajaba los muros de agua en aquella noche espantosa de invierno. Muchas veces estuvo a punto de hundirse para siempre en el mar del Norte, helado y oscuro. Nadie sabe cómo, la nave logró llegar a una playa de Noruega. La princesa, a salvo, pudo casarse con su rey escocés.

—¡Los culpables pagarán por esto! —gritó Jacobo enfurecido.

Cuando se le echó la culpa al ministro de finanzas, Christoffer Valkendorff, se defendió así:

—Es un buen barco. Todos vimos unos diablillos terroríficos que llegaron volando a lomos de una nube oscura y que luego se deslizaron por las jarcias del barco. Ellos trajeron la tempestad.

Pero ¿quién los mandaba?

—Las brujas, las brujas —murmuraban todos.

El rey de Escocia se lo creyó y empezó el proceso en Dinamarca.

—La peor de todas es Anne Koldings: es la madre del Diablo. Todos lo saben.

La pobre Anne, curandera y herbolaria, fue la primera acusada y

murió, junto con otras doce mujeres, en la hoguera. Pero el rey todavía no estaba tranquilo y abrió otro proceso, esta vez en Escocia.

Entonces le tocó enfrentarse a los jueces a otra curandera y médica: Agnes Sampson.

—Esta es la peor bruja que se ha visto en Escocia. No hay duda, ella mandó la tempestad para matar al rey y a la reina —afirmaron los jueces.

—Yo no sé nada de esto, yo solo sé de hierbas. ¡Soy inocente! —se defendió Agnes.

La torturaron, la raparon, la ataron a una pared, le practicaron el garrote. Nada. Agnes fue muy valiente y se resistió a confesar una y otra vez, hasta que los jueces se cansaron y la quemaron en la hoguera.

Agnes Sampson sigue negando hoy en día la acusación de ser una bruja de las tempestades y se conforma con espantar a los que encuentra por los pasillos del palacio de Holyrood.

De Anne sabemos que el proceso la convirtió en una celebridad al ser considerada la madre de Satán, y con tal calificativo la exhibieron en prisión con gran éxito de público.

Contra el mal de ojo

«No creo en las brujas, pero haberlas haylas», se dice en Galicia.

Si tu vecina te mira mal, si tu profesora te tiene manía o encuentras por la calle a alguien que te mira de forma rara, mejor será poner bajo tu ropa o en tu bolsillo una ramita de apio, menta y ruda.

Para proteger tu casa, ¿por qué no cuelgas una flor de cardo silvestre en la puerta? Es el método anti-brujería más antiguo que existe. Es el símbolo del sol porque parece un sol pequeño y, como los brujos y las brujas odian el sol, esta flor les impide entrar en tu casa. Lo mismo puedes hacer con el laurel: entrelaza sus ramitas para hacer una corona y cuélgala detrás de la puerta. Te protegerá a ti y a tu familia.

Un remedio gitano es hacer un *putsi*, una bolsita de seda roja dentro de la cual hay que poner una moneda, un clavo encontrado por casualidad y un guijarro recogido en la playa. No se lo enseñes a nadie y llévalo contigo. Dura un año.

Pero estas son simples creencias que han arraigado en algunas personas de ciertas culturas. No son más que supersticiones, no vayas a creer en ellas a pies juntillas.

CANIDIA, PAMPHILE Y ERICTHO
Las brujas de la Antigüedad

Cementerio de Esquilino, Roma, siglo I d.C.

—T ODAVÍA NO HA LLEGADO —dijo Canidia a sus amigas Sagana, Veia y Folia.

—No te preocupes, ya sabes que Pamphile vive muy lejos, pero ¿quién viene allí, es ella?

Hacia ellas venía una bruja muy delgada con serpientes por cabellos.

—Uy, no, por favor, es Erichto, la muy pesada. Casi no habla, siempre está triste y el peinado que lleva ¡es horrible incluso para una bruja fea como yo! —respondió Canidia.

—Tienes razón, querida, mira la cara de funeral que trae…

—Claro, mujer, vive en los cementerios, entre las tumbas, y en los campos de batallas entre muertos y heridos, ¿qué cara quieres que tenga? —alegó Sagana—. Y además, desde que te has mudado a vivir aquí sientes envidia de ella. Pero no te preocupes: tú eres la más fea. No cabe ninguna duda.

Tenían razón las amiguitas de la bruja latina Canidia: pálida, ojos saltones, pelo desgreñado, garras en lugar de uñas.

—Va a hacer mal tiempo, esta solo sale si hay tormentas.

Erichto se les acercó:

—Malas noches, compañeras, ¿os importa que me siente en esta tumba para llorar un poco y echar algún gemido en vuestra compañía?

Las brujas le contestaron que no había ningún problema mientras cruzaban sus miradas riéndose entre sí con sus bocas desdentadas.

En aquel momento un búho se posó sobre una tumba con un suspiro de cansancio.

—¡Aquí viene nuestra amiga! —exclamaron las tres brujas a la vez, y fueron a abrazar a Pamphile, que mientras tanto había vuelto a su forma humana.

—Te he estado esperando mucho tiempo, querida Pamphile, deseo que hayas tenido un buen viaje.

—Claro, con estas alas he mejorado mucho últimamente. Pero Canidia, ¿todavía estás enamorada de algún muchacho?

—Por eso te esperaba, Pamphile, necesito aprender nuevos encantamientos. Tú eres la mejor. Nos hemos enterado de lo que le ha pasado al pobre tonto de Lucio.

—Pues sí —agregó disimulando la recién llegada—, me espió una noche en la que me transformé en lechuza y, como es curioso, quiso probar a volar y me robó un ungüento, pero se equivocó. Así que se convirtió en… burro. ¡Ja, ja, ja!

—¡No me digas! —contestó Canidia—. A mí también me pasó algo parecido: anoche quemé un par de figurillas de cera y, para protegerme de los espíritus, enterré un diente de víbora y la piel de un lobo, pero había un hombre escondido espiándome ¡y me llevé un susto! Tuve que escapar corriendo. Ya sabes con estas nuevas leyes… Nuestro oficio está en peligro.

—Ya me lo contaron, y que perdiste por el camino la peluca y la dentadura postiza.

—La verdad es que sí, somos unas pobres desgraciadas. Pero no perdamos tiempo: manos, no, mejor dicho, garras… a la obra.

Erichto vivía en los cementerios para escuchar lo que pasaba en el Infierno y luego revelarlo. Tesalia era tierra griega de magos y brujerías. Pamphile, que también vivía en Tesalia, era la bruja protagonista de El asno de oro, de Apuleyo. Canidia era la bruja de algunos poemas de Horacio, muy fea y muy vengativa. Las leyes a las que se refiere Canidia son las establecidas por el emperador César Augusto contra la magia, que estaba muy de moda entre los romanos.

Recetas de la Antigua Grecia y Roma

Dos pócimas repugnantes de Canidia y Pamphile

Ingredientes de un filtro amoroso de Canidia:

- higo de higuera silvestre de un cementerio
- huevos de sapo
- plumas de mochuelo
- hierbas amargas de Iberia
- huesos arrancados de la boca de una perra hambrienta

Ingredientes de un filtro amoroso de Pamphile:

- unas láminas de metal con signos y palabras mágicas
- restos de barcos hundidos
- huesos
- miel
- leche
- agua de fuente
- pelos
- y clavos

A Canidia y Pamphile no les faltaba imaginación (ni mal gusto) para preparar sus pócimas. Y encima, no funcionaban muy bien que digamos.

EL LABERINTO DE LA BRUJA
Leonor contra Rosamunda

La bruja se cubrió la cabeza con una capa de pieles y plata bordada con piedras preciosas. Debía esconder su melena dorada. Nadie debía saber qué iba a hacer.

Era una mujer alta, hermosa, inteligente, pero en aquel momento la ira ardía en su corazón. Sus ojos, normalmente tan bellos, estaban teñidos de maldad y prometían venganza.

Salió de noche de su palacio, donde le gustaba rodearse de pintores, músicos y poetas. Todos dormían, solo su perro lebrel se despertó y acompañó a su dueña. ¿Adónde iba una reina, la reina de Inglaterra, de noche, sola y en pleno invierno?

Con pasos rápidos, se dirigió al parque. Caminó media hora entre árboles grandes y antiguos. Ruidos y gemidos no la asustaban. Se detuvo en una encrucijada: ¿dónde podía haber escondido su marido, el rey de Inglaterra Enrique II, a su enamorada? A Rosamunda la bella.

Solo con pensar en su nombre y en los poemas que hasta los trovadores de su corte, de su propia corte, le habían dedicado, se ponía furiosa. ¿No era igual de bella? Además era poderosa, Leonor había heredado de su padre un reino maravilloso, el de Aquitania. Era culta, sabía de política y estaba bastante enamorada de su marido. El problema era que su marido, el rey, prefería a Rosamunda.

—Dime, querido, ¿dónde está la amante de mi marido? —le preguntó al perro mirándolo fijamente a los ojos.

El animal, como embrujado, eligió el camino, un sendero estrecho que reptaba entre el bosque de abedules.

Al poco rato, Leonor vio una luz débil. Pertenecía a un hermoso palacete. Se concentró y pronunció algunas palabras. Se elevó en el aire hasta poder ver dentro de la alcoba de donde procedía la luz y

allí vio a su enemiga. La que le había robado el corazón de su marido: Rosamunda. Dormida. Rubia y blanca.

—Entonces es cierto lo que me han contado. Mi marido la oculta de mí en un hermoso palacio.

Leonor descendió hasta el suelo, sacó un librillo de conjuros y pronunció unas palabras misteriosas. Poco a poco, alrededor del palacio, empezaron a crecer hojas y arbustos que se retorcieron hasta adquirir la forma de un laberinto. Un laberinto mágico del cual la bella Rosamunda no pudo salir nunca jamás, ni Enrique entrar. La venganza se había cumplido.

El perro, al oír la carcajada de la reina Leonor, huyó entre aullidos.

Leonor de Aquitania (1122-1204), noble medieval francesa, esposa de Enrique II de Inglaterra, sufrió mucho la infidelidad de su marido con Rosamunda y promovió una rebelión de sus tres hijos contra el padre. Finalmente la víctima fue la propia Leonor, encarcelada por orden del rey hasta la muerte de este. La venganza final fue que ella vivió mucho más que él, en su palacio, rodeada de artistas y poetas.

El disfraz de la bruja

De hechicera elegante

- Un vestido largo y violeta, o de 2 a 3 metros de tela para hacerlo
- Una capa negra y roja, o tela para hacerla y un broche para sujetar la capa
- Una manzana roja, un cofre y un espejo pequeño
- Unos cordones rojos y/o dorados
- Un pasamontañas negro o una peluca negra y una corona dorada
- Un trozo de tela rectangular y blanco
- Una cartulina para forrar el cuello

Si no tienes en casa un vestido negro o violeta, compra la tela. Dóblala por la mitad y marca la forma del vestido con una tiza o con alfileres, corta el cuello y dibuja las mangas, más anchas por abajo. Corta y cose el dobladillo, luego dale la vuelta al vestido. Cose unas tiras de tela dorada en las mangas y ata el cuello con un par de cordones dorados o rojos. Corta la capa. Cose aparte un cuello alto y blanco forrado con cartulina para darle la forma y cóselo al cuello de la capa.

2. Ponte el vestido, un cinturón alto y la capa. Sujétala con el broche.

3. Maquíllate la cara para que parezca pálida, los ojos con sombra negra, verde o violeta y lápiz de cejas negro; los labios con pintalabios rojo vivo, define tus pestañas para parecer más mala. Ponte un pasamontañas negro y una corona de plástico o una peluca negra.

De bruja fea

Corta el vestido siguiendo los mismos pasos, mejor con tela negra, pero cose una capucha negra en lugar del cuello alto y practica unos agujeros en la tela. Usa una peluca blanca, larga y despeinada. Ponte una nariz postiza con verrugas grandes. Ponte un cinturón donde colgar una bolsita para llevar la manzana roja.

La bruja de *Blancanieves*
¿Bruja o brujas?

—Espejo, espejito, ¿quién es la más guapa? —preguntó Grimhilde a su espejo mágico.

Y este, como siempre, le respondió:

—Tú, mi ama, eres guapa, pero hay una más guapa que tú. Se llama Bl…

—¡Ya sé cómo se llama, maldita sea! Blancanieves. Porque cuando su madre estaba bordando, cerca de una ventana con marco de ébano negro, nevaba, y entonces se pinchó un dedo con la aguja y unas gotas de sangre cayeron sobre la nieve. Ella pensó que sería muy bonito tener una niña con los cabellos negros como el ébano de la ventana, la piel blanca como la nieve y los labios rojos como la sangre y mira tú la suerte que tienen algunas, le salió así. Tal y como había deseado.

— Sí, y cuando se murió la reina, tú te casaste con el rey y fuiste la madrastra de la pequeña Blancanieves, que pronto se convirtió en una muchachita muy hermosa, muy buena, muy…

— …muy blablablá. Espejito de mi alma, te rompería si no fuera por la mala suerte que me traerías y bastante tengo ya. ¿Por qué todos los días me recuerdas que Blancanieves es más guapa que yo? Mírame, soy bellísima, a pesar de algunas arruguitas. Nada que no se pueda resolver con mis hechizos y pócimas.

La reina bruja se sentó pensativa en su sillón frente al gran espejo. Rememoró todo lo que había hecho para deshacerse de aquella mosquita muerta de su hijastra: primero había convencido al cazador de la corte para que la matara y que le trajera como prueba su corazón, y el muy idiota le había traído un corazón de jabalí. Mientras tanto Blancanieves se había ido a vivir con siete enanitos de mala muerte y se pasaba el tiempo bailando y cantando mientras ella se reconcomía

en su castillo. Luego tuvo que disfrazarse de una horrible viejecita, ella, Grimhilde, tan guapa, convertida en un espanto lleno de arrugas, nariguda y canosa.

—Tuve que ir al encuentro de Blancanieves en su casita del bosque, la primera vez con una cinta para el cuello hechizada, pero los siete enanitos malditos se la cortaron y pudo recobrar la vida, luego conseguí clavarle a la fuerza un peine envenenado que la dejó sin conocimiento, pero los enanos se lo quitaron. Al final, como todo el mundo sabe, fui allí con una manzana. ¡Se la ofrecí roja, sabrosa y llena de veneno, ja, ja, ja! La tonta de Blancanieves la mordió. Y eso que los enanos le habían advertido. ¿No podían haberla enterrado? ¡No! La pusieron en un ataúd de cristal para que el primer príncipe tonto que pasase, en lugar de venir a verme a mí al castillo, se enamorase de ella, le diera un beso. Y así fue como Blancanieves escupió la manzana, se levantó y se fue con él, dejando plantados a los enanitos. Incluso tuvieron la osadía de invitarme a la boda y obligarme a bailar con unos zapatos de hierro calentados al rojo vivo. ¡Qué rabia me da solo recordarlo!

Parece ser que los hermanos Grimm, para la historia de <u>Blancanieves y los siete enanitos</u>, se inspiraron en una muchacha que se llamaba Maria Sophia Margaretha Catharina von Erthal, que vivió en el siglo XVIII en Lohr, una pintoresca localidad a orillas del río Meno, en el Bajo Rin. Tuvo una madrastra muy malvada que intentó envenenarla con belladona. Decía el pueblo que Maria era muy bondadosa y bella.

El espejo

—Espejito, espejito mágico, dime una cosa, ¿qué mujer de este reino es la más hermosa?

En el palacio de Maria, en Lohr, realmente hay un espejo mágico. Mide 1,60 metros y se manufacturó en una fábrica de vidrios de la localidad con materias primas procedentes de España. Se lo regaló el padre de Maria-Blancanieves a su segunda esposa, la madrastra malvada.

¡Y habla, como todos los espejos especiales fabricados en Lohr!

¿Cómo puede ser?, te estarás preguntando. Pues gracias a las leyendas pintadas en su marco y porque tiene unas propiedades acústicas muy especiales: si le hablas de cerca, la reverberación hace que las palabras se propaguen y resuenen.

El espejo mágico todavía existe y se puede ver en el museo de Spessart de Lohr. Pero ten cuidado, no le hagas preguntas indiscretas porque los espejos mágicos siempre dicen la verdad.

El espejo siempre se ha considerado un poderoso medio para adivinar el futuro por su capacidad para reflejar imágenes y luz.

ELIZABETH CLARKE
La bruja de los animales

Essex, Inglaterra, 1645

A ELIZABETH CLARKE LE faltaba una pierna, pero no le faltaba belleza, aunque ya era una mujer mayor cuando se topó con uno de los peores cazadores de brujas de Inglaterra: Matthew Hopkins. Y además, Elizabeth era una mujer rica e independiente, y esto molestaba.

El cazador de brujas hizo oídos sordos a las palabras de Elizabeth, en cambio, escuchó las del sastre John Rivet, su vecino delator.

John Rivet dijo que Elizabeth, durante la noche, acogía en su casa al mismo Diablo: «El Diablo es amigo de Elizabeth, la visita todas las noches».

Dijo que Elizabeth no dormía nunca, que tenía en casa varias mascotas: un conejo negro llamado *Sack and Sugar*; un lebrel de patas grandes, ojos grandes y cabeza de buey que, antes de desaparecer, se había transformado en niño de cuatro años y sin cabeza; un perro muy peludo, gordo, sin patas; un turón. Estos animales la ayudaban en sus fechorías.

A este señor no le faltaba imaginación. Hopkins le creyó. Hizo y deshizo hasta que Elizabeth confesó. Pero ¿qué confesó? ¿Que tenía un zoológico en su casa? Cuántas brujas debe de haber entonces…

Hay una pregunta sin respuesta: si John Rivet sabía tantas cosas de lo que Elizabeth hacía durante la noche, ¿dónde se encontraba John Rivet durante aquellas noches? A Elizabeth Clarke la ahorcaron, John Rivet pudo volver a su casa tan tranquilo.

Matthew Hopkins, junto con John Stearne, escribió el manual <u>Descubrimiento de las brujas</u>. Elizabeth Clarke fue su primera víctima. Le siguieron doscientas más.

CARTAS

Se juega con la baraja francesa, y únicamente con el palo de corazones.

El jugador A realiza una apuesta poniendo el corazón sobre la mesa. Con él en la mano, esperará a que el jugador B también apueste el suyo. Si lo consigue, habrá ganado la partida y el corazón no le cabrá en el pecho.

Dardos

El objetivo es clavar el dardo (pequeña flecha de amor) en el lugar adecuado, preferiblemente en el corazón del elegido, como haría Cupido. En esto consiste hacer *diana*.

Conviene recordar que tan importante como afinar la puntería es la capacidad de encontrar el blanco perfecto para no errar el tiro.

Ruleta

Este clásico de los casinos ahora también se juega de manera virtual.

A la voz de «Hagan juego, señores», los participantes realizan sus apuestas en la red para «pescar» pareja.

La rueda de la fortuna gira mientras sobre el tapete se colocan ilusiones y expectativas, espejismos que se evaporan cuando por fin se afronta la realidad.

(Este es el riesgo de confiar demasiado en atajos tan azarosos.)

El sapo, amigo de las brujas

Más que amigo, todo un ingrediente.

El sapo es uno de los protagonistas del aquelarre. Siempre se ha considerado al pobre animal como un ser diabólico. Como la gente se lo encontraba después de la lluvia, se creía que procedía de las nubes, se decía que podía sobrevivir encerrado dentro de una piedra, se pensaba que el *lapillus bufonis*, una especie de guijarro que se forma en la cabeza de los sapos viejos, podía contrarrestar cualquier veneno.

Al pobre se le acusaba de ser lujurioso, perezoso, tacaño, colérico y, eso sí es bastante cierto, venenoso.

El más crédulo de todos los cazadores de brujas, Pierre de Lancre, afirmaba que era fiel servidor y amigo de las brujas, que lo cuidaban, lo besaban y le daban de mamar para luego cocinarlo asado, cortarlo en trocitos o aplastarlo para extraer la hedionda sustancia verdinegra que segregan los sapos, con la que las brujas se untaban el cuerpo para ir a los aquelarres. Y que luego arrojaban sus restos a los campos, lo que provocaba tempestades y secaba el trigo. ¿Tú harías lo mismo con tus amigos?

Y por si fuera poco, el mismo Lancre estaba convencido de que si se encontraba una forma de pata de sapo en el ojo de una mujer, se trataba de una bruja.

En cambio, las brujas, grandes conocedoras de la naturaleza, saben perfectamente que el sapo es un animal útil, que come insectos y vive pacíficamente sin molestar a nadie.

JUANA DE NAVARRA
Y CAROLINA DE BRUNSWICK
Si nuestros maridos no nos quieren...

Abadía de Canterbury, siglo XXI

—¿Y TÚ QUIÉN ERES? Qué vestido tan moderno llevas... Me encanta. En cambio, yo estoy aburrida de llevar este collar que me ahoga y esta corona tan pesada.

—¿Yo? Soy Carolina de Brunswick. ¿Quién eres tú? Pareces una de esas damas medievales de los libros antiguos de la biblioteca de mi palacio de Buckingham. Estás tan triste. Te invito a tomar un té con galletas y mantequilla. Y así me cuentas tu historia y yo te cuento la mía.

—Con mucho gusto, hace muchos siglos que no como galletas, aunque no sé qué es ese té del que hablas.

—Tu acento no me parece muy británico.

—Has adivinado, soy Juana, hija del rey de Navarra. Pero me casaron con el rey Enrique IV de Inglaterra. No tuvimos hijos y no fuimos una pareja muy feliz. No sé por qué mis súbditos estaban convencidos de que yo era una bruja y cuando mi marido murió, en 1413, me acusaron de haber usado la hechicería para envenenarlo y me encarcelaron en el castillo de Pevensey. Pero yo era inocente y solo tardaron cuatro años en darse cuenta de su equivocación y me devolvieron esta corona que ves. La verdad es que yo siempre fui una persona muy tranquila.

—Se cuenta que en tu tierra, Navarra, hay brujas. Pero te entiendo perfectamente, Juana. ¿Puedo llamarte Juana? Tú llámame Carolina.

—Encantada. Tú tampoco tienes acento inglés.

—De hecho soy alemana y el mío tampoco fue un matrimonio feliz. Mi familia era muy rica y planearon mi boda con el príncipe de Gales, que luego sería rey de Inglaterra como Jorge IV, porque estaba lleno de deudas. Mi marido siempre ha sido un gran derrochador de dinero, tenía amantes y un carácter pésimo. Cuando nos presentaron por primera vez, en 1795, le gusté tan poco que se apartó hasta el otro extremo de la sala y pidió un vaso de brandy. Estuvo tomando brandy durante tres días, hasta la mañana de nuestra boda. Yo era la que tenía derecho a quejarse: Jorge no se parecía en nada a los retratos que me habían enviado: era gordinflón y feo.

—Eso de casarse por obligación es un problemón.

—Ya. Pero yo lo dejé plantado y me fui de viaje por Europa. Con mi sirviente. Fue entonces cuando mi marido empezó a buscar pruebas de mi infidelidad para poder divorciarse. Y lo peor vino después, cuando murió mi suegro y coronaron a mi marido. Volví para ser reina y él me dejó fuera de la abadía de Westminster, a pesar de que el pueblo me adoraba. No hubo forma de entrar. Furiosa, volví a casa y preparé una estatuilla de cera muy parecida a Jorge en la que clavé varias espinas. ¡Qué gusto! Pero aquella misma noche enfermé, y diecinueve días después me morí, seguramente envenenada. Y eso que decían que la bruja era yo. Bueno, Juana, ¿qué le vamos a hacer? ¿Qué te parece si tomamos nuestro té y preparamos una estatuilla de cera? Te voy a enseñar por si quieres vengarte del fantasma de tu marido y de tus súbditos traidores.

Juana de Navarra (1370-1437) y Carolina de Brunswick (1768-1821) fueron dos reinas acusadas de brujería por intereses políticos. Hoy forman parte de existosos <u>tours</u> turísticos fantasmagóricos.

Estatuillas de cera, máscaras y fetiches

Esta página es un poco macabra y repugnante. Te aconsejamos que no la leas.

Normalmente las brujas preparan estatuillas de cera o fetiches que representan a la persona a la que quieren perjudicar, y lo hacen con fines maléficos, añadiendo a la cera ingredientes asquerosos como uñas o cabellos. Luego pronuncian conjuros y echan maleficios clavando espinas o clavos.

Uno de los objetos preferidos de las brujas son los huesos de muertos. Las brujas inglesas los buscaban de noche en los cementerios, sobre todo calaveras y vértebras, porque decían que eran muy poderosos para sus ritos mágicos. Las brujas españolas preferían los dientes de los ahorcados.

En África los chamanes celebran sus ritos poniéndose máscaras terroríficas, porque la máscara representa a los espíritus o los antepasados a los que piden consejos. También los inuit del Polo Norte y los nativos americanos usan en sus rituales máscaras verdaderamente espantosas, con dientes, muecas o pieles y plumas, pero generalmente con la intención de sanar enfermedades.

En América Central y del Sur los chamanes llevan máscaras bellísimas, de jade verde, aunque con unos ojos blancos espantosos, y sacuden unas maracas talladas parecidas a una careta y con plumas de loro. En Indonesia las máscaras de los chamanes son muy complejas y sirven para danzar el *hudog*, un baile mágico.

En los fetiches africanos, que son unas estatuillas de

madera, siempre se esconde un hueco en el que poner hierbas y sustancias secretas. Otro objeto bastante estrafalario es la cola seca de elefante que el chamán usa como varita mágica. A veces los fetiches tienen forma de vaca o cabra a las que el chamán ata las patas como conjuro para evitar que les roben el ganado.

Los nativos norteamericanos preparan fetiches con partes de animales: pieles de nutria, dientes de lobo, garras de oso; todo ello dentro de la bolsa de las medicinas.

En Tailandia los chamanes usan un fetiche bastante horrible: la figura muy pequeña de un niño esqueleto de barro dentro de un pañuelo rojo; es un poco macabro, pero prometen grandes poderes mágicos.

Los chamanes australianos usan huesos largos decorados con cabellos humanos. Los huesos cortos se usan para magia buena y los largos para brujería.

Ursula Kemp
La bruja médica

1582, St. Osyth-Chelmsford

—Ursula Kemp, alias Grey, se te imputan muchos delitos. Serás juzgada por brujería.

Así dijo el juez y luego llamó a las testigos.

—Esta mujer curó a mi hijo Davy, tengo que admitirlo, pero algunos días después, mientras estábamos charlando, mi hija Joan se cayó de la cuna y se rompió el cuello —afirmó Grace, su vecina—. Luego empecé a cojear y le pedí ayuda a Ursula, pues era ella la causante del dolor en mi pobre pierna.

—¡Y te ayudé! ¡Pero no me pagaste! —gritó la mujer acusada.

—Eso es cierto, no tenía dinero entonces, pero al poco mi Davy enloqueció y se murió. Es culpa de ella, no hay duda.

—Un día Ursula me pidió sosa cáustica —dijo Alice, otra vecina.

—¡Y tú no me la diste! —respondió Ursula.

—Claro, porque eres una mala bestia. No puedes negar que te sorprendí murmurando vete a saber qué al oído de mi hija Elisabeth; algún hechizo, seguro. Y al poco mi pobre hija se murió. Y recuerda cuando me diste aquel tarro de loza del que salieron cuatro espíritus. ¡Bruja!

—Es mentira, señor juez.

Pero el juez no le hizo el menor caso y llamó como testigo al pequeño Thomas, el hijo de Ursula.

Thomas reveló que su madre albergaba en casa cuatro espíritus que eran lacayos mágicos, dos machos: *Tyffin*, un gato gris, y *Jacke*, un gato negro; y dos hembras: *Pygine*, una sapo negra, y *Tittey*, una cordera. Les daba de comer bizcocho, cerveza y, de vez en cuando, una chupadita de su sangre.

El juez la hizo confesar, no sabemos cómo, aunque podemos imaginarlo. Ursula lo confesó todo: la cojera de Grace, la caída de la cuna de Joan, la locura de Davy y la muerte de Elizabeth, además de otros crímenes. Sin embargo, no había sido ella directamente, sino sus cuatro lacayos mágicos. El crédulo juez no dudó de la culpabilidad de los dos gatos, el sapo hembra y la cordera, y condenó a Ursula. Pero antes la mantuvo presa de la Jaula, un cuchitril que hoy se cree poblado por los fantasmas de las pobres mujeres acusadas de brujería que penaron allí, el lugar donde se despedían de sus hijos. Ursula fue ahorcada en 1582.

En 1921, en el jardín de Charles Brooker aparecieron dos esqueletos de mujer, datados entre los siglos XVI-XVII, posiblemente de dos brujas: Ursula Kemp y su amiga Elizabeth Bennett. Enseguida los dos esqueletos se convirtieron en una atracción turística, pues el señor Charles se dedicó a cobrar a los turistas que querían ver el esqueleto de la famosa bruja. La casa fue destruida en un incendio en 1932 y desde entonces el esqueleto pasó de mano en mano. Hasta el año 2007 no recibió sepultura definitiva en un cementerio consagrado.

Ursula era partera y curandera y, entre otras actividades, se dedicaba a conjurar maldiciones y ojerizas. Las testigos eran vecinas envidiosas y supersticiosas. Ursula fue víctima de la superstición y del juez cazador de brujas Brian Darcy.

Los sirvientes de magos y brujas

El mamarro, el magistellus, el duende y el golem

Los sirvientes de la bruja pueden ser espíritus, bichos o duendes. Viven con la bruja, duermen en una piñata debajo de la cama o posados en una viga del techo y comen con ella; a veces una gotita de sangre no les sienta mal. Pero ¿cómo encuentra la bruja a su sirviente mágico? Se lo entrega el Diablo como regalo, lo recibe como herencia de otra bruja o bien lo crea ella misma. También son buenos amigos en los que confiar. Si la bruja muere, el sirviente es adoptado por otra bruja amiga.

Vamos a poner un poco de orden…

El *mamarro* es un minúsculo genio con figura humana o de insecto, típico de Navarra y el País Vasco, que ayuda a la bruja y la protege a cambio de un cobijo en la alfiletera. Son un poco quisquillosos.

El *magistellus* es un animalillo o figurita humana sacada de la mandrágora, que hace fechorías en nombre de la bruja con la que vive y a la que protege.

El duende o *brownie*, muy difundido en Inglaterra, Escocia e Irlanda, aparece de noche en casa para ayudar en los quehaceres a cambio de un plato de nata y pan con miel. Pero se enfada fácilmente y entonces rompe vajillas, pellizca a la gente dormida, pega golpes en la pared…

El *golem* es, en la mitología judía, un ser animado a partir del barro, es un gigante y solo puede activarlo un rabino que escriba en su frente la palabra *emet* (principio, vida); para desactivarlo solo tiene que borrar la *e* y dejar *met* (muerte).

Cuando los sirvientes son animales suelen ser gatos, cuervos, erizos, sapos o lechuzas. A veces, en los procesos por brujería, se juzgaba a la bruja y a sus bichos. En Malasia el animal que brujas y brujos prefieren es el búho, mientras que en Nueva Guinea se prefiere la serpiente.

Crea tu propio sirviente mágico en 4 pasos

1. ¿Para qué quieres un sirviente? Por ejemplo, para que te ayude en los estudios o en el trabajo. No lo hagas con fines malvados, porque sería peligroso para ti. Busca un buen propósito.

2. En cuanto tengas claro tu propósito, crea tu sirviente. Dale forma con plastilina, arcilla, tela o simplemente con un dibujo. Puede tener rasgos humanos, animales o, si te gusta con apariencia más fantástica, puedes mezclar rasgos de varias especies animales o de monstruos. Dale alas: pueden ser útiles en un sirviente.

3. Concéntrate mucho mientras lo trabajas, y reflexiona en las cualidades que debe tener un sirviente perfecto. Por ejemplo amistoso, simpático, gracioso. Es nuestra fantasía la que crea mundos mágicos. Y saldrá mejor aún si ese día hay lluvia, viento o si lo creas en medio de la naturaleza.

4. Ahora lo tienes que activar. Ponte en un lugar tranquilo y, sin quemar tu casa, enciende una velita y un incienso. Apaga la luz. Piensa en un lugar donde te gustaría encontrar a tu sirviente: un bosque, un desierto, un castillo, etc. Imagina una esfera de luz sobre tu cabeza que te protegerá todo el cuerpo. Dale un nombre porque es el nombre lo que permite controlarlo. Ahora llámalo. Indícale tu propósito, pero no con palabras, sino con tu mente. Repítelo tres veces. Dale instrucciones y al final salúdalo amablemente.

El sirviente no come mucho y se contenta con poco. Dale de comer y procura que no sea demasiado molesto. Si el tuyo es un geniecillo asiático, será invisible y vivirá en una botella, en un anillo o en un amuleto.

Y si no te sirve demasiado, al menos tendrás un lindo muñeco.

CIRCE Y LAS
TRANSFORMACIONES MÁGICAS
¿Maga o bruja?

LA BELLA CIRCE, maga, diosa, bruja, hechicera, pariente de deidades, vidente y mucho más, peina sus trenzas en el hermoso jardín de su palacio, rodeada de animales salvajes, como leones y lobos. Pero todos tienen mirada triste. No es de extrañar, se trata de hombres que han llegado a su isla y que la caprichosa maga ha transformado a su antojo.

«Vaya, pero si está llegando un barco a la costa —percibe la astuta mujer—. Me voy a divertir…»

Circe abre las puertas doradas de su palacio a unos hombres hambrientos que navegan en busca del camino que les ha de llevar de regreso a casa después de una larga y terrible guerra.

—¡Pobre gente! —exclama la pérfida—. ¿Por qué no os sentáis aquí conmigo? Os traeré queso, cebada, vino y miel.

Y así lo hace, pero añadiendo a los sabrosos platos unos *farmakos* misteriosos. Cuando los marinos ya están bien atiborrados, Circe se les acerca y, con su varita mágica, los convierte en cerdos. Pero cerdos que siguen pensando como hombres.

Una cosa desconoce la bella Circe, a pesar de ser muy astuta: que uno de los hombres, Euríloco, se ha escondido y ahora está corriendo a avisar a su dueño, Odiseo, que está esperando a su tripulación en el barco. Y Odiseo tiene fama de ser listo, muy listo. Enseguida pide ayuda al dios Hermes, quien le revela cómo protegerse de la maga: deberá comer unas hierbas misteriosas que se llaman *moly*.

«Ay, ¡qué guapo este que viene ahora! —piensa Circe al ver aproximarse a Odiseo—. Es una lástima convertirlo en puerco.»

Y lo intenta, pero Odiseo ya sabe cómo protegerse del encantamiento y Circe, al ver que su pócima no tiene ningún efecto, se queda pasmada. Y luego, claro, se enamora del único hombre que ha sido capaz de resistírsele.

—Circe, por favor, devuelve la forma humana a mis marinos —le pide Odiseo.

—Bien, pero te quedarás aquí conmigo.

Y como Circe era muy inteligente y guapa y, sobre todo, le promete ayudarle a regresar a casa, Odiseo acepta el trato y se queda un año entero. Al fin y al cabo, Circe se porta bien, pues le revela a Odiseo cómo defenderse de las sirenas, cómo pasar entre la peligrosa Escila, el monstruo de las seis cabezas, y Caribdis, que tres veces al día se traga el mar para luego devolverlo en peligrosas olas espumosas.

Circe, pérfida, fascinante y seductora, bondadosa y malvada a la vez, representa a la primera maga.

Circe aparece por primera vez en la Odisea, el poema sobre las peripecias que el héroe griego Odiseo vivió para regresar a casa después de la guerra de Troya. Homero la hizo dueña absoluta de la isla de Ea, que luego se identificará con el promontorio de Circeo en la región italiana de Lacio.

Transformaciones bestiales

Las Strix y los animales mágicos

A las primeras brujas, los antiguos romanos las llamaban «strix», que hoy es el nombre científico que reciben las lechuzas, mochuelos y búhos porque de noche emiten gritos y chirridos. Desde siempre se ha creído que estas aves son amigas de las brujas, o las propias brujas que se han transformado en estos animales para moverse de noche volando y espantando a la gente. De hecho, según los romanos, las brujas eran mujeres con cuerpo de pájaro muy diferentes de como las conocemos hoy, a veces muy hermosas, a veces muy feas.

Otros animales en que suelen transformarse las brujas, o que son amigos de ellas, son el gato, el murciélago, la corneja y la liebre. Generalmente, negros, que es el color del pecado y del Mal. Las serpientes, animales sagrados para muchos, en la Biblia son la encarnación del Mal y del Diablo. Las brujas suelen usar la piel, los dientes y el veneno de estos reptiles en sus pócimas. También tienen por costumbre sacrificar gallos o bueyes y «leer» las entrañas.

Si en la casa aislada de una anciana vivían gatos, ardillas y una telaraña habitada por una gran araña, era motivo suficiente para que se la acusara de magia y brujería.

Los personajes femeninos del vudú

Marie Laveau, la hermosa bruja de las ciénagas

ARIE LAVEAU, UNA MUCHACHA joven pero muy prometedora en la práctica del vudú, se cubrió el pelo con un casquete de colores llamativos. Le gustaba mucho ese tocado. Se miró en el espejo dorado de su casa elegante y se gustó. Ella era católica y se había casado por la iglesia, pero esto no le impidió practicar la magia.

Se le había hecho tarde. Debía apresurarse. Se echó un chal sobre los hombros aunque hacía calor. Lo hizo para protegerse de miradas indiscretas. En Nueva Orleans quien más, quien menos, creía en la magia o incluso la practicaba, pero se hacía en secreto, en los cementerios o en las ciénagas. Precisamente a una ciénaga se estaba dirigiendo Marie. La luna se asomaba entre las nubes y le alumbraba el sendero.

Se oían ya los tambores, que sonaban lúgubres y rítmicos. La gente del pequeño poblado se había reunido en un claro entre las chozas y la vegetación verde y exuberante, esperándola. No le importaba a Marie mezclarse con los mulatos y los esclavos. Al fin y al cabo, era hija de un rico hacendero y de una esclava mulata. Había llovido, un aguacero tropical, y el suelo estaba embarrado. Mejor, el agua era un elemento esencial para el éxito de la ceremonia.

Comenzaron clavando un sable delante del altar de Ogun, la deidad de la guerra, luego Marie depositó las ofrendas que aquella gente había preparado. Después agarró un cuchillo y el desafortunado gallo perdió la cabeza, como requería el ritual, mientras los tambores seguían latiendo rítmicamente. Después colocó un palo en el centro para recibir a los espíritus. Poco después Marie comenzó a moverse, y todos comenzaron a moverse alrededor de ella. Sus ojos se volvieron hacia arriba, en blanco.

Ella ya no era ella, ahora estaba poseída por los *loas*, los espíritus, las deidades vudú que entraron en su cuerpo y en los de quienes estaban a su alrededor para revelar secretos.

Esa noche, Marie «recibió» la visita de Erzulie, la gran diosa de la abundancia, la fertilidad y el amor. A Erzulie le gustaba ser siempre la primera en llegar, ser la invitada de honor. Lucía un vestido precioso.

Luego vino Marinette-Bois-Chèche, una *loa* muy siniestra. Le dijo a la muchacha lo que ella ya sabía, que solo aceptaría ofrendas de animales negros si tenía la mala intención de practicar la magia negra. A Marie no le gustó mucho, pero en la vida nunca se sabe. Y además se había presentado con sus lúgubres compañeros: el marido, Ti-Jean-Zandor, un *loa* rojo y cojo que suele acechar a los que van a pie por la selva para devorarlos, y Pietro-Je-Rouge, su amante. Una pandilla muy poco sugerente.

Y para terminar, se presentó Maman Brigitte, una *loa* de la vida y la muerte, de piel muy blanca, cabello moreno y ojos verdes. Su cara estaba pintada para representar una calavera y, en lugar de un perrito, llevaba un gallo, negro. Unas mariposas la seguían de cerca y se posaban en su pelo. Y bailaba y cantaba bajo la luna del Caribe. Maman Brigitte le gustaba a Marie. Y además había venido con el triste de su marido, el barón Samedi, que siempre solía presentarse con sus amiguitos: el barón La Croix y el barón Cemetière. Menuda compañía.

Aquella noche todas las deidades del vudú acudieron para acoger a la nueva reina: Marie Laveau.

A Erzulie, diosa madre, le gusta el lujo. Es un poco coqueta, pero buena persona. Su altar se reconoce por las ofrendas: joyas y perfumes. Marinette aparece en forma de lechuza, para representar la noche y sus misterios. Maman Brigitte suele andar por los cementerios, de los cuales es protectora. Las mariposas simbolizan la brevedad de la vida. La tumba de Marie Laveau se encuentra en el cementerio de San Luis de Nueva Orleans; la visitan muchos fieles y curiosos, y es una de las grandes atracciones de la ciudad en lo que se refiere a la tradición vudú.

Vudú y zombies

No todo es magia negra

El vudú se difundió en Latinoamérica, especialmente en Brasil, Haití y República Dominicana mezclando elementos de diferentes religiones: la cristiana, la mitología de los yorubas y las creencias de los esclavos procedentes de África Occidental. Es una religión animista, que cree que todos los seres vivientes y los objetos tienen alma: el *namm*. Hay un Dios superior que se llama Mawy, femenino y masculino a la vez. Las personas tenemos dos *namm*: el Petit Bon-Ange, que es nuestra parte inconsciente, una especie de ángel custodio que nos protege de los espíritus malignos, y el Gros Bon-Ange, que es nuestra consciencia y se aleja del cuerpo cuando dormimos. El peligro es que durante sus paseos tropiece con algún sacerdote malévolo del vudú, un *houngan* (o mamba, la sacerdotisa), y se apodere de él.

Entre Dios y el hombre hay muchos espíritus, como los *loa*, que pueden ser deidades de todo tipo, vinculadas a las tormentas, al viento y a la noche, antiguos héroes, monstruos, etc. Pueden ser buenos (*condomblê*) o malos (*macumba*). No es verdad que el vudú, según piensan muchos, consista solo en magia negra. Aunque la magia negra sí forma parte del vudú, el sacerdote entonces se llama *boko*, y es un brujo.

Todos los ritos empiezan con la invocación del *loa* Legba, un anciano con muletas. La aspirante *mamba* o el aspirante *houngan* reciben el bastón que los obligará, para toda la vida, a la búsqueda de la verdad. Siguen los saludos entre los participantes, la invocación de todos los *loa*, la ofrenda (se mata una gallina o un toro porque la sangre es muy importante en el rito) y luego, al compás de los tambores, los espíritus bajan por el bastón para entrar en el cuerpo de los participantes, que bailarán locamente con los ojos en blanco.

Al final, los *loa* hablarán por medio del sacerdote.

Receta de cómo despertar a un zombi

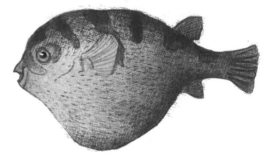

A los *bokos*, los representantes del vudú maligno, a veces les gusta «despertar» a un zombi. Pero ¿qué es un zombi? En la cultura popular es un muerto viviente, una especie de alma en pena sin sentimientos que se levanta de la tumba para buscar su comida favorita: carne humana.

Los ingredientes de la receta para despertar zombis son: polvo de lagartija azul, polvo de sapo y de pez globo. Como los tres son muy peligrosos por la toxina que segregan, y en tanto que el zombi no es para nada amable ni simpático y, además, tiene la mala costumbre de morder, te desaconsejamos que lo despiertes.

Yessenia y Yemayá

Orishas y santería

—Abuela, ¿quién es esta mujer tan bella? —pregunta Yessenia delante del pequeño altar que su abuela ha preparado con flores, velas y una hermosa figura de una mujer que sale de las aguas del mar coronada con una diadema de estrellas, un vestido blanco y azul y larga cabellera negra.

Yessenia sabe que su abuela es una especie de bruja, pero de las buenas, la llaman «santera». Y es una de las más poderosas, o por lo menos, eso dicen de ella. La abuela practica la santería, una extraña religión que tiene muchos seguidores en la isla donde vive. Ha escuchado hablar muchas veces a la abuela con alguien pero sin poder verlo. Los llama «orishas», espíritus, deidades, vete tú a saber.

Yessenia siente que algo extraño se está moviendo dentro de su cuerpo. Empieza a moverse, a bailar, los brazos parecen olas de mar. Se encuentra delante de la estatua. La abuela piensa que ha llegado el momento de explicarle la historia de Yemayá, la poderosa diosa-bruja del mar, una señora que puede ser amable, protectora, enamorada y atrevida con quien se lo merece, pero quisquillosa, arrogante y vengativa con quien le falta al respeto.

—Ven, chiquilla —la invita la abuela—, siéntate aquí. Mientras tanto yo prepararé carnero, un gallo, un plato de amalá, con harina de ñame, el gbeguiri, con alubias y cebolla. Serán las ofrendas para la fiesta de esta noche. La fiesta de Yemayá.

—¿Y me llevarás, abuelita?

—Sí, te he observado bailar. Muy pronto te daré clase de…

—¿Clases? Pero si ya voy al colegio todos los días…

—Yessenia, las clases de las que hablo son muy diferentes, ¡son mágicas!

Y la abuela empezó a contar la leyenda de Yemayá, hija de Olokun, diosa del mar.

—Yemayá salió del mar para casarse una primera vez con el rey de Ifé, con el que tuvo diez hijos que enseguida se convirtieron en orishas. Tanto los amamantó que sus senos se volvieron muy grandes. Cansada de vivir con Ifé, Yemayá se fue al norte, donde conoció a Okere, que pronto se enamoró de ella. Se casó por segunda vez. Pero un día él se emborrachó y la ofendió al burlarse del tamaño de sus senos. Yemayá huyó muy enfadada. Su marido la persiguió y ella se acordó de que su madre le había dado un botellín que contenía una poción mágica para usar en caso de verse en peligro. Abrió la botella y de ella nació un río tumultuoso que llevó a Yemayá en dirección al océano, donde residía su madre, Olokun, hacia la libertad.

»¿Te ha gustado la historia, Yessenia? Acuérdate, siempre debemos sentirnos libres y guardar… nuestra botella secreta. Esta noche te llevaré a la fiesta grande a orillas del mar. Y nos pondremos estos vestidos preciosos.

Mientras tanto la abuela saca un vestido azul y blanco muy grande para ella y uno pequeñito, también azul y blanco, para Yessenia. Ha llegado el momento de presentársela a Yemayá.

La isla de la que se habla es Cuba. La santería es una religión que se basa en el sincretismo, es decir, que mezcla influencias africanas, cristianas y yorubas. Los orishas son las numerosas deidades de la santería.

El muñeco vudú

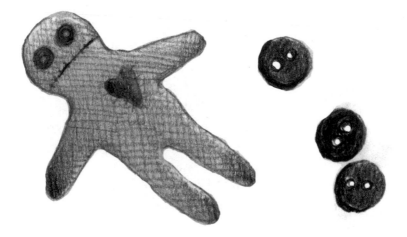

Probablemente habrás visto en el cine o habrás leído historias en las que aparecen muñecos de vudú de tela a los que les clavan alfileres. El muñeco representa a la persona a la se quiere hacer daño. Pero esto es más frecuente en las películas de terror que en la realidad. El muñeco lo hace el boko y, a menudo, para practicar magia buena. Y además, dicen los expertos en vudú que, si el siniestro barón Samedi, el elegante señor de los cementerios, con sombrero de copa y traje de chaqué, no da su consentimiento, el muñeco no funciona.

Para confeccionar tu muñeco (bueno) de vudú necesitas aguja, tijeras, tela de varios colores, hilo negro y de otros colores, un botón, alfileres con la cabeza de varios colores, algodón para forrar.

A la hora de hacerlo, concéntrate en tus deseos. Piensa en el efecto final que quieres conseguir. Hay algunos colores que son ideales según lo que tú (si el muñeco te representa a ti) o la otra persona deseéis: éxito (amarillo); dinero (verde); poder (rojo); salud (blanco); protección del mal (negro); amor (azul).

1. Corta una plantilla en una hoja de papel en forma de persona de unos 20 cm aproximadamente. Como modelo puedes tomar la figura de

un muñeco de los santos inocentes, con cabeza muy redonda.

2. Colócala sobre un paño doblado (de felpa, de algodón, etc., del color que más te guste). Usa alfileres para sujetar la plantilla al tejido. Corta con tijeras o pide ayuda. No es necesario dejar margen de costura.

3. Retira los alfileres. Cose un botón a modo de ojo en el lado derecho de la cara, mejor si debajo coses un círculo de color negro. Para representar que falta el ojo izquierdo, basta con bordar o coser con hilo negro una cruz.

4. Cose un corazón rojo donde va el corazón.

5. La boca debe extenderse de un ojo al otro. Introduce la aguja desde la parte trasera de la cara para que salga justo debajo del ojo izquierdo y llévala hasta el ojo derecho sin arrugar el tejido. Añade cinco o seis líneas verticales que atraviesen la línea horizontal, espaciándolas para que se parezca a una boca cosida. Luego puedes hacer el nudo y cortar el hilo.

6. A continuación cose las dos partes del muñeco pasando el hilo por fuera, atravesando el muñeco de abajo hacia arriba y al revés hasta que termines (si lo prefieres menos rústico, puedes usar la puntada de festón). Empieza por la axila y antes de cerrar la figura, rellena el muñeco por la axila con un poco de algodón o poliéster.

7. Ayúdate con la punta de un lápiz o bolígrafo para rellenar piernas y brazos. Termina de cerrar la axila. Ata con un nudo y corta.

8. Dale un nombre, úsalo para lograr felicidad y cumplir tus deseos o los de la persona en la que estás pensando. Por ejemplo, puedes llamar a los espíritus buenos o pinchar los alfileres en la cabeza del color adecuado. Si deseas que la persona a la que representa el muñeco tenga éxito o piense en ti, pincha la cabeza con un alfiler amarillo; si quieres que se enamore de ti, pínchale el corazón con el alfiler rojo, si por ejemplo le duele un pie y quieres que se le pase, pínchale el pie con el blanco.

Bueno, no creemos que funcione, pero al menos ya tienes otro lindo muñequito hecho por ti para jugar.

SOLEDAD, LA MULATA DE CÓRDOBA
El arte de desaparecer

N EL SIGLO XIX, en el monte cercano a la ciudad de Córdoba, Veracruz (México), nació una niña bellísima. Sus padres se dedicaban a la cría de cerdos y pollos. A la niña, que se llamaba Soledad, le gustaban los animales. No solo el ganado, sino también los animales salvajes. Una jauría de coyotes la visitaba a menudo. Y había que ver el cariño y las caricias con los que Soledad trataba a aquellos peligrosos animales. Esto atemorizaba tanto a sus padres como a los vecinos, que empezaron a sentir temor de aquella niña.

La niña creció y se convirtió en una muchacha muy guapa, pero era mulata, una mezcla entre indio y negro, y la sociedad de su tiempo, muy racista, no aceptaba este mestizaje. Se murmuraba acerca de su extraña belleza y de su habilidad con las hierbas. Así que Soledad, como decía su propio nombre, se volvió solitaria y huraña. Un día su madre enfermó y ella la curó de forma casi milagrosa. A partir de ese momento, a pesar de sus inquietudes, mucha gente comenzó a visitarla para curarse.

Le gustaba ayudar a las personas. Pero no todas eran buenas y empezaron a circular rumores acerca de embrujos y encantamientos. Sobre todo por parte de las mujeres, celosas de sus maridos que la cortejaban.

Se decía que de noche, en su casa, aparecían luces misteriosas y que la joven había hecho un pacto con el Diablo. Un día la acusaron de brujería y una turba entró en su patio con intención de matarla, pero sus amigos coyotes acudieron en su defensa y los pusieron en fuga. Aumentaron los rumores sobre sus poderes mágicos.

—¡Ella ha llamado a los coyotes! Es una bruja…

Otro día, durante una misa, el alcalde de Ocaña la vio y quedó enamorado de ella, sin preocuparse de los rumores, que consideraba simples supersticiones. Le hizo la corte, pero a Soledad no le interesaba aquel señor mayor. El alcalde, que no estaba acostumbrado a ser despreciado y teniendo en poco valor a una mulata, llamó al Santo Oficio y la acusó de haberle practicado un hechizo. Soledad fue llevada a las mazmorras del castillo de San Juan de Ulúa. Todos rezaban en las celdas, excepto Soledad, que prefería dibujar con un trocito de carbón un galeón en la pared.

—Carcelero —le dijo un día la muchacha al hombre que no dejaba de observarla y de contemplar su barco—, ¿qué crees que le falta a mi galeón?

—¡Ja, ja, ja, pobre bruja, le falta despegar las velas y navegar! —le respondió.

—¿Estás seguro? —le preguntó Soledad.

Y ante sus ojos estupefactos, subió a bordo por la escalerilla, se mezcló con el dibujo y el galeón partió hasta perderse de vista. Ella como única tripulación, con los cabellos esparcidos al viento.

Las gotas del aguacero recién caído se colaron por el ventanuco y borraron lo que quedaba del dibujo.

Soledad aparece y desaparece. Por ejemplo, en 1948, volvió a aparecer como protagonista de la ópera de teatro <u>La mulata de Córdoba</u>, de José Pablo Moncayo, con libreto de Xavier Villaurrutia y Agustín Lazo.

Cómo hacerse invisibles

El helecho macho

Las brujas creían que la simiente del helecho macho las hacía invisibles. El helecho se encuentra en bosques sombríos y húmedos y, por supuesto, poblados de brujas. Pero la única flor que funciona es la que se recoge la víspera de San Juan, cuando tocan las campanadas de medianoche, porque solo en ese momento florece y cae la simiente mágica. En realidad, lo único que conseguían era envenenarse o pasar un mal rato, como la bruja de Burguillo del Cerro (España):

Una noche un molinero estaba asando una longaniza y esta bruja lo estuvo molestando un buen rato con golpes, gritos y pellizcos. El hombre estaba harto. La bruja, muy charlatana, no dejaba de hablarle al oído, así que el hombre pudo encontrarla aun siendo invisible. Sacó la longaniza del asador y logró atizar en toda la cara a la bruja, que huyó entre chillidos de dolor.

Las prímulas

Para las brujas y las hadas, estas flores primaverales poseen el poder mágico de hacer ver… lo invisible. Recoge unas flores (solo las flores) de prímulas y prepara una tortilla, pero que sepas que, como no somos ni hadas ni brujas, no se nos aparecerá su reino encantado, pero habrás comido algo delicioso.

Madames de Brinvilliers, Montespan y La Voisin

Las brujas envenenadoras de la corte de Versalles

—A Y, ¡QUÉ TIEMPOS AQUELLOS! —recuerda la marquesa de Brinvilliers.

—Sí, querida, es verdad. A aquel que no nos caía bien, lo envenenábamos.

De este modo charlaban los fantasmas de dos de las nobles más bellas, ambiciosas y… malvadas de la corte de Versalles. Y los tiempos de los que hablaban eran los del Rey Sol.

—Pero ahora estamos muertas y tenemos tiempo para charlar. ¿Cómo empezaste? —le preguntó la Montespan abanicándose con un gran abanico de plumas fantasmas.

—Lo recuerdo bien. Me casé a los 21 años, pero tenía un amante, mi padre me descubrió y lo hizo encarcelar en la Bastilla. ¿Te das cuenta? Recordar ese siniestro nombre me pone la piel de gallina.

—¿Y… qué sucedió? Marie Madeleine, ve al grano, por favor.

—Sentí por mi padre un odio desmedido y, como mi amante me había enseñado todas las artes del envenenamiento, empecé a ensayar. Primero envené la comida de mis sirvientes. Aún no conocía las dosis y tenía que ensayar. Después hice donaciones de comida a los pobres: galletas, pan y vino. ¡Qué contentos se ponían! Claro, no sabían que los estaba envenenando. Je, je, je. Finalmente le tocó a mi padre: para entonces ya tenía la fórmula correcta. Le iba administrando el veneno en pequeñas dosis hasta que… ¡puf! Se murió. Y ya está.

—¿Cómo que ya está? A mí me consta que no fueron los únicos…

—Sí, hubo algunos más, entre ellos mis hermanos, aunque solo fue por quedarme con toda la herencia para mí, a ellos no los odiaba. Como había envenenado a mis hermanos, pensé que podía acabar también con mis hermanas. Y cuando mi amante salió de la cárcel, decidí matar también a mi marido, pero mi amante era amigo de mi marido y no quería que acabara con él, ni menos aún casarse conmigo, de modo que le suministraba en secreto el antídoto a mi marido. ¡Qué rabia cuando lo descubrí! Tuve que huir de Francia. Sin embargo, tú también, mi querida Françoise, o mejor dicho Athénaïs como te hacías llamar, tenías un gran talento con, digamos, esos polvos tan queridos… Sobre todo desde que llegó a la corte aquella vidente y cartomántica, ¿cómo se llamaba?

—La Voisin, ¡cómo olvidarla! ¡Qué mujer! Me inició en todas las artes mágicas. Sabía más que el Diablo. Le atribuyen entre mil y dos mil quinientos envenenamientos. Una verdadera maestra. Me enseñó algunos ritos muy eficaces y preparaba filtros con sapos, topos, hierro, sangre, polvo de momia. Y cuando practicaba sus artes llevaba un precioso vestido de color rojo sangre. Todas éramos sus clientes, no fui la única.

—¡Pero a ti te pillaron!

—Pues sí, mandé practicar cierto rito sobre mi cuerpo para conquistar al rey y ¡lo conseguí! Pero no me perdonaron cuando intenté envenenar a la nueva favorita del rey, la horrible Maintenon, que encima era amiga mía, mi mejor amiga, ¡y me traicionó! Al final me acusaron de querer matar al propio rey Luis. Y estalló el escándalo de los venenos.

—Ya, y los nombres que salieron a la luz… Todos ellos implicados, sin embargo, tú te salvaste. Demasiado poderosa eras.

—Me salvé, sí, yo fui la verdadera reina de Francia, aunque mi vida no fue nada feliz. Me encerraron en un convento donde morí casi en soledad. Solo tres de mis hijos me querían. ¡Y eso que eran hijos del rey!

La marquesa de Brinvilliers finalmente fue juzgada y decapitada. La Voisin fue juzgada y condenada a la hoguera. La marquesa de Montespan murió a los 67 años. Después del escándalo, se hizo una ley según la cual solo se podía condenar a las mujeres por brujería, magia o envenenamiento si había pruebas concluyentes.

El baño mágico

Las malas lenguas de la corte de Versalles cuentan que a aquellas damas, la Brinvilliers, la Montespan y otras, les gustaba sumergirse en una bañera de sangre en la creencia de que aquello les proporcionaba una piel suave y juvenil.

Para conseguir el mismo resultado con un baño te recomendamos esta otra receta. Ingredientes: romero, tomillo, raíces de lirio y apio. Prepara una infusión de romero y tomillo en agua caliente dentro de una olla de barro. Añade raíces de lirio y apio en polvo. Pásala por el colador y viértela en la bañera.

Te hará irresistible a los ojos de tu enamorado o enamorada y tu piel quedará perfumada y suave como la seda.

Esta otra receta dicen que sirve para purificarte y hacer las paces con alguien con quien te has peleado. Ingredientes: flores de manzano, hojas de menta y flores de romero, tres bayas de jengibre. Hierve los ingredientes durante diez minutos, cuela la infusión y viértela en el agua de la bañera junto con un poco de sal gorda. Mejor si lo haces con luna menguante.

¡Qué cosas creían los nobles de Versalles! En fin, seguramente estaban muy aburridos con sus paseos y sus fiestas. Eso sí, cuando se daban esos baños «mágicos», conseguían algo «mágico» para la época: ¡oler bien!

ANGÉLE DE LA BARTHE

La primera bruja, la primera hoguera

TENGO EL PRIVILEGIO de haber sido considerada durante mucho tiempo la primera mujer (mujer, sí, señoras y señores, no he dicho «bruja») juzgada por brujería. Me condenaron a muerte los amigos de la Santa Inquisición. Santa, uy, tan santos no serían, porque me quemaron viva en la hoguera. Corría el año, maldito sea, de 1275.

Me acusó de crímenes horribles el inquisidor Hugo de Beniols. Según él, mi marido era el Diablo, y nuestro hijo, un monstruo carnívoro con cabeza de lobo y cola de serpiente. Y las comiditas que le preparaba a «mi hijito» eran ni más ni menos que otros bebés. ¿Os parece posible? Cómo me dio por elegir a un marido tan horrible, ¡con la de pretendientes que tenía! Puf.

Me sometieron a cuestión, que es como llamaban entonces a la tortura, y me hicieron confesar. Y confesé con tal de que dejaran de torturarme.

—¿Desenterraste niños del cementerio?

—Sí, lo hice.

—¿Secuestraste a niños de sus casas?

—Sí, también, y me los comí asados.

—¿Participaste en conciliábulos con demonios?

—¡Claro que sí, los conocía a todos, y el Diablo es mi marido!

—¿Es verdad que tuviste un hijo con él?

—Sí, muy bonito, de verdad, con su colita de serpiente y la carita de lobo.

—¿Es verdad que le dabas niños para comer?

—Sí, los desenterraba en el cementerio y luego se los guisaba.

—¿Dónde está ahora?

—A los dos años se escapó en medio de la noche.

Finalmente dejaron de torturarme y me enviaron derecha a la hoguera. De bien en mejor.

Yo sé por qué se ensañaron conmigo: era una mujer rica, noble y, sobre todo, había abandonado el catolicismo para convertirme al catarismo, una secta que se consideraba herética. En resumidas cuentas, me había convertido en una mujer incómoda para la Iglesia de entonces.

A Angéle de la Barthe se la considera como la primera víctima injusta de la caza de brujas medieval. Hoy día está en duda toda la veracidad de la historia. En 1275, participar en aquelarres no se consideraba delito. Y además, en ningún registro de Toulouse de la época aparece el juicio. En fin, que es un bulo.

Torturas y hoguera

La vida de las brujas no era nada fácil. Para probar si, en efecto, se trataba de una bruja se usaban distintos métodos:

- La marca del Diablo: se buscaba ya fuera una mancha en el rabillo del ojo o un lugar en el cuerpo que, al pincharse con un alfiler, no saliera sangre o no doliera. A veces bastaba con tener un simple lunar extraño o ser pelirrojas para ser acusadas.
- En una silla especial en forma de báscula se pesaba a la bruja y dos grandes libros de la Biblia. Si estos pesaban más, se trataba de una bruja.

Y si no, siempre quedaba la opción de la tortura:

- Ordalía de agua: en este tipo de juicio divino se arrojaba a la bruja al agua atada a una piedra. Si flotaba, era bruja, y entonces se quemaba en la hoguera; si en cambio se hundía, significaba que no era bruja, y se la sacaba del agua, pero a menudo morían igualmente por accidente.
- Tormento del agua: se ataba al potro a la víctima y se le hacía beber nueve litros de agua y, si no confesaba, otros nueve litros…
- La hoguera: se colgaba a la bruja de una cuerda, luego se le estiraban los brazos y a sus pies se encendía un fuego para quemárselos.

Y otros tormentos tan espantosos que aquí preferimos no mencionar. Finalmente, cuando se las condenaba a pena capital, se las quemaba vivas.

Peronne Goguillon
La robaniños

Norte de Francia, 1679

¿POR QUÉ FUE CONDENADA PERONNE? ¿Por sus fechorías o por ser tremendamente charlatana? Lo que sabemos es que Peronne fue la última bruja de Francia quemada en la hoguera. Esto ocurrió el 24 de mayo de 1679.

La verdad es que a Peronne le gustaba mucho hablar y cuando empezó a responder las preguntas del juez de la Inquisición no paró durante una semana entera. ¿Tantas cosas tenía que confesar o se las hicieron confesar?

—Sí, sí, lo admito: lo hice todo. La primera vez que me encontré al Diablo se me presentó como un hombre grande y negro, me dio miedo, pero la segunda vez, el muy astuto, se me apareció como un hombre muy apuesto y joven: «Hola, me llamo Fréquette», me dijo. No pude resistirme, era tan guapo, aunque normalmente me visitaba en forma de perro negro.

»Me regaló una varita de madera que usaba para ir al aquelarre cada jueves por la noche. Siempre que íbamos al aquelarre mis compañeritas brujas y yo comíamos urracas asadas, ¡ay, qué ricas!

»Alguna vez rapté niños o los maté con polvos mágicos, si bien me gustaba más matar a hombres. Sin embargo, la mayoría de las veces lo que hacía era lanzar conjuros para estropear las cosechas, aunque nunca granizo, lo juro. Tan solo enviaba ratones, abejorros de largas patitas y gusanos. Usaba plumas de gallo. Funcionaban muy bien.

»El primero que me acusó de brujería fue al antipático de mi vecino, el muy envidioso Charles Broutin, porque estaba convencido de que yo era la culpable del dolor de garganta de su hijo. Pero yo nunca le habría enviado un simple dolor de garganta, porque las cosas hay que hacerlas bien. Qué menos que enviarle unas fiebres diarreicas, mareos, dolor de barriga y alguna que otra dolencia más. Nada tuve que ver con el mal de su hijo. Aunque sí le quité la leche a todas sus vacas e incluso hice que se perdieran en las ciénagas algunas de ellas. Era odioso ese Charles, os lo aseguro. Se merecía cualquier cosa.

»Me gustaba llevarme a los niños ajenos. ¿Sabes?, son muy útiles para preparar brebajes y pócimas. En cierta ocasión intenté llevarme a uno en el puente del castillo, pero su madre, muy avispada, algunos días antes lo había llevado a bendecir y nada pude contra ello.

»Hablan muy mal de mí, ya me doy cuenta. Cuando hay un corrillo de personas mirándome de reojo es porque me critican, sin duda. Mejor que tengan cuidado, no vaya a prepararles un plato delicioso de peras al horno como el que le preparé a mi marido y que al final saboreó su amigo Martin Fremault, a quien se le llenó la barriga de sapos. Casi se muere, pero mi marido, acostumbrado a mis bromitas, le hizo tomar agua y agua hasta que Martin vomitó peras y sapos y así se pudo salvar.

Peronne Goguillon fue quemada tras confesar todo esto, sin embargo, firmó su confesión con una cruz, porque sabía mucho de brujería, pero no sabía leer ni escribir. Sin embargo, la última persona sentenciada en Francia por brujería fue un hombre, Louis Deberaz, ejecutado en 1745.

Las brujas comeniños

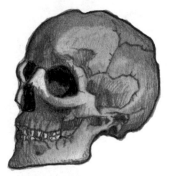

¿Qué comen las brujas? ¿Estofado de niño, sopa de huesos? ¿Bebés tiernos?

Afortunadamente, no. Las brujas comen lo mismo que come cualquier persona. Les gusta ir al restaurante y, de vez en cuando, reunirse para comer todas juntas. Lo curioso es que en estas grandes comilonas, empiezan por el postre para llegar, como último plato, a los entrantes.

La tradición les atribuye crímenes gastronómicos horribles. Entre los más célebres están los de las brujas mexicanas conocidas como «chupadoras» de sangre. Probablemente a estas mujeres «especiales» se las culpa de simples anemias o malestar de los niños pequeños.

Se llega a decir que las brujas voladoras, negras y silenciosas, entran en los dormitorios para dar una chupadita de sangre fresca y luego salen por la ventana. ¿No será más bien un murciélago vampiro? Un bicho muy poco simpático, si bien real e inofensivo.

Receta de los dedos de la bruja

Ingredientes:

- 250 g de mantequilla sin sal
- 250 g de azúcar
- 2 huevos
- 1 cucharada de esencia de vainilla
- 500 g de harina de trigo
- 1 cucharada de levadura
- 1 pizca de sal
- pistachos o pipas
- mermelada de fresa o cereza

Instrucciones:

Mezcla la mantequilla y el azúcar. Añade los huevos, la harina, la esencia de vainilla, la levadura y la sal.

Envuelve la masa en una bolsa de plástico transparente y déjala reposar en la nevera durante hora y media.

Luego retira la masa de la nevera y empieza a formar el dedo. Coloca cada uno de ellos sobre una fuente para horno forrada con papel de hornear.

Marca los nudillos del dedo con un cuchillo y coloca los pistachos o pipas de forma que simulen las uñas. Ponlos en el horno a 180°C durante unos diez minutos y luego retíralos.

Finalmente, puedes colocar mermelada de fresa entre la uña y el pistacho o la pipa para que tenga aspecto sangriento.

ESMERALDA
La bruja gitana

París, 1482

—¡**D**ÉJAME EN PAZ, te he dicho! —le espetó Esmeralda, algo molesta, a la gárgola de piedra que la estaba persiguiendo desde hacía horas.

Esmeralda era una joven gitana de melena negra rizada, preciosa y de grandes ojos verdes, mágicos. De hecho, la magia era su profesión. Nadie sabía leer las cartas, el tarot o la bola de cristal mejor que ella. Y cómo bailaba, qué giros hacía y cómo tocaba la pandereta. Nunca le faltaba el público, aunque a veces se sentía sola porque su única amiga de verdad era una cabrita blanca. Esmeralda soñaba con el amor. El verdadero amor.

«Pero ¿qué quiere esa pesada de mí?», se preguntaba la joven intentando escaparse de la gárgola. Solo ella veía aquel monstruo de piedra con cara gatuna, alas de murciélago, garras de ave rapaz y cuernos de diablillo. No lo temía, pues apenas medía más de medio metro, aunque sí la fastidiaba.

No podía saber que la gárgola traía un mensaje de su amigo Quasimodo, un joven bueno pero muy desafortunado, pues había nacido jorobado, deforme y muy feo. Por esa razón sus padres lo habían abandonado y Frollo, el archidiácono de la catedral de Nuestra Señora de París, lo había adoptado para usarlo como sirviente. La hermosa catedral, de la que conocía todos los secretos, se había convertido en su casa. Sabía trepar por las altas columnas, saltar por las rejas, esconderse en los sótanos. Ese día, Frollo, un hombre malvado, le había convencido de raptar a la bella Esmeralda con la excusa de salvarla de las malas influencias de los gitanos y de sus truhanes amigos. En realidad, Frollo se había encaprichado de Esmeralda al verla tan bella y libre. El ingenuo Quasimodo lo creyó y ahora desde lo alto del tejado de la catedral intentaba capturarla

con la ayuda de la gárgola. Quasimodo dio un salto y agarró a la gitana, pero cuando ya estaba a punto de llevársela a su amo, desde el interior de la iglesia intervino el guapo capitán Febo de Châteaupers y salvó a Esmeralda. La muchacha, al ver al capitán tan valiente y apuesto, creyó que el verdadero amor había llegado por fin y, con él, la salvación de aquel monstruo horrible que la estaba raptando. Desde lo alto de la torre de la catedral, Frollo, enfurecido, lo vio todo y prometió vengarse.

Mientras tanto, el capitán ató a Quasimodo y se lo llevó a la parte central de la plaza para azotarlo. El pobre estaba aterrado porque nunca había salido de la catedral, su refugio contra las miradas malévolas de la gente que ahora le insultaba, le escupía y se burlaba de su joroba.

—Agua, un poco de agua —pidió con la boca seca.

Esmeralda se apiadó de él y fue la única que se le acercó junto con su cabrita blanca de cuernos dorados. Le miró a los ojos y entendió que no era ningún monstruo. Quasimodo creyó que la muchacha venía para golpearle, pero cuando vio que solo se le acercaba para ofrecerle una calabaza llena de agua, una lágrima se desprendió de su ojo: era la primera vez que alguien lo trataba con cariño.

Aunque al poco tiempo Frollo llevó a cabo su venganza: celoso, apuñaló al capitán y acusó a Esmeralda, que fue condenada por bruja y considerada culpable del delito. En la plaza frente a la catedral se elevó la horca, Esmeralda confió en que su enamorado Febo, cuya herida no era grave, la salvara, pero la había olvidado. Quasimodo, en cambio, no podía olvidar el gesto cariñoso de la muchacha, así que ató una cuerda a la reja de la catedral y, como un superhéroe, con un salto formidable, abrazó a Esmeralda y se la llevó a salvo a la catedral, que se consideraba lugar sagrado y seguro. Una nueva amistad había nacido entre la gitana y el jorobado.

Esta historia nos la cuenta en 1831 Victor Hugo en <u>Nuestra Señora de París</u>. Desafortunadamente no termina aquí y el final es muy triste. Solo te podemos adelantar que Quasimodo nunca más dejará a su nueva amiga.

El tarot

El tarot de Esmeralda es una baraja de naipes que se usa para leer el pasado, el presente y sobre todo, adivinar el futuro. Son naipes antiguos y datan por lo menos del siglo XIV.

A lo largo del tiempo las figuras han cambiado bastante. Por ejemplo, en algunos mazos antiguos aparecían héroes romanos, griegos y babilonios.

Hay quien afirma que los inventó el duque de Milán Filippo Maria Visconti. Durante mucho tiempo fueron prohibidos. Hoy la baraja de tarot más clásica se conoce como el tarot de Marsella y se compone de 56 cartas que van de 1 a 10 de oros, copas, espadas y bastos, más las figuras (sota, reina, rey y caballero), que se llaman arcanos menores, y los 22 arcanos mayores. Se llaman «arcanos» porque la palabra en latín significa «misterio» y la verdad es que son 22 figuras bastantes misteriosas: el 0, que es el loco, el mago, la papisa, la emperatriz, el emperador, el papa, el enamorado, el carro, la justicia, el ermitaño, la rueda de la fortuna, la fuerza, el ahorcado, el arcano sin nombre (también conocido como la muerte), la templanza, el diablo, la torre, la estrella, la luna, el sol, el juicio y el mundo.

Cómo se leen: toma tu baraja, mézclala 7 veces, corta, deja elegir 3 cartas a la persona e intenta interpretarlas. Descubrirás si la cartomancia se te da bien.

Las brujas gitanas de todo el mundo se llaman *hexy* o brujas, como en español. Cualquier mujer puede convertirse en bruja, siempre que sea hija de bruja o bien una bruja, antes de morir, le deje la «marca».

Las brujas gitanas son expertas en leer presente y futuro y lo hacen, además de con el tarot, con las cartas sibilas, y también leyendo el pensamiento, la mano, el pie, el poso del café o del té, la bola de cristal, el espejo, el vuelo de los pájaros o el agua movida por el viento.

LAS BRUJAS DE MACBETH

La profecía de las tres brujas barbudas

ES UNA TARDE de rayos y truenos. El silbido del viento y unas sombras oscuras se cuelan entre las ramas del bosque donde camina Macbeth, el general escocés que acaba de derrotar a las tropas de Noruega e Irlanda en nombre del rey Duncan. Banquo, su compañero de armas, lo acompaña.

—¡El rey está contento con nosotros! —dice Macbeth, orgulloso de sus victorias.

De repente, tres figuras llenas de arrugas se detienen frente a los dos amigos.

—¡Parecen mujeres y, sin embargo, llevan barba! —exclama Banquo, sobrecogido por el aspecto desagradable de las tres mujeres barbudas—. ¡Qué feas, viejas y horribles son! ¿Quiénes son ustedes?

Eran las tres brujas enviadas por Hécate, la diosa lunar, para comunicarles una profecía fatal.

—¡Venimos a conocerte, Macbeth! —dicen las tres hermanas—. Lo malo es hermoso y lo bello es malo.

Macbeth y Banquo se miran con estupor, se preguntan qué significan esas palabras extrañas mientras las tres desagradables figuras barbudas les causan desasosiego.

—¡Salud para usted, señor de Glamis! —dice la primera.

—¡Salud para usted, señor de Cawdor! —añade la segunda dirigiéndose hacia Macbeth.

—¡Salud para ti, Banquo, que serás rey!

Macbeth está realmente asombrado, es el señor de Glamis, pero el rey de Escocia, cuyo ejército comanda victorioso, es Duncan. ¿Qué significan esas palabras? ¿Banquo, rey? Pero la profecía queda dicha: las tres brujas barbudas sirven a la diosa Hécate, no puede ser una equi-

vocación, y en Macbeth se insinúa la idea de que, quién sabe, algún día podría llegar a ser señor de Cawdor o incluso ¡rey!

Macbeth, pensativo, regresa a su castillo y le cuenta todo a su esposa, la astuta lady Macbeth. Ella es la verdadera bruja de nuestra historia. Hará todo lo posible para convencer a su marido de que la profecía es posible y lo instará a matar, primero, al rey Duncan, e incluso a su amigo Banquo. Pero el barón Mac Duff sospecha de él. Así, lady Macbeth, para encubrir a su marido, se manchará las manos con otros crímenes, hasta el extremo de asesinar a la esposa e hijos de Mac Duff.

Por fin Macbeth es el rey de Escocia. Sin embargo, durante el banquete real, en presencia del fantasma de Banquo, que solo él puede ver, las tres brujas le envían tres apariciones: una cabeza cortada cubierta con un yelmo, un niño ensangrentado y un niño con una corona, y le anuncian:

—¡Ningún hombre nacido de mujer puede matarte!

Macbeth se siente invencible y seguro:

—¡Bueno, puedo luchar contra mi enemigo Mac Duff que, como todo hombre, nació de una mujer!

Pero Mac Duff, en plena batalla, revela:

—La verdad es que me arrancaron del vientre de mi madre, ¡así que realmente se puede decir que... no nací de mujer!

Macbeth entiende que las brujas lo han engañado. Mac Duff, con un golpe de su espada, corta la cabeza de Macbeth: la muerte de su esposa e hijos queda vengada y la profecía de las fantasmas se cumple.

Esta triste historia, donde la sed de poder mata al protagonista, nos la contó Shakespeare.

La olla de las tres brujas de Macbeth

He aquí los ingredientes para una profecía perfecta, que se cuecen en la caldera de las tres brujas:

- un sapo que ha sudado durante treinta y un días y treinta y una noches
- un filete de serpiente de agua
- un ojo de tritón y un dedo de rana
- piel de un murciélago y una lengua de perro
- una pata de lagarto y un ala de un mochuelo
- una escama de dragón y un diente de lobo
- un trozo de momia de bruja y un estómago de tiburón
- una raíz de cicuta y una hiel de cabra
- una rama de tejo a la luz de un eclipse lunar
- un dedo de niño y entrañas de un tigre

Si es demasiado amargo... ¡puedes agregar un poco de azúcar!

LA BABA YAGA
La bruja de las estepas rusas

MI NOMBRE ES muy significativo, ya que en los idiomas eslavos significa «horror», «ira», «peligro», «bruja malvada», y estoy orgullosa de ello. Soy la terrible bruja Baba Yaga, la que aterroriza a los niños desde Rusia a Serbia. No soy guapa, y menos aún elegante: no me hace falta nada más que una camisa y una falda, y no me importa si dicen que, sin cinturón ni pañuelo en la cabeza, voy mal vestida y descuidada.

Mi casa es una choza plantada sobre las patas gigantes de una gallina. Cuando alguien llama a mi puerta, me divierto mucho al ver su cara cuando las patas de la gallina hacen tres giros sobre sí mismas. Y si tiene el coraje de acercar su dedo al ojo de la cerradura, ¡ja, ja, ja, los dientes le morderán hasta hacerlo sangrar!

Por ejemplo, aquella vez que el pequeño Jurié vino a verme. Mi sobrino Gravilo me lo había enviado con una excusa, porque no lo soportaba y quería deshacerse de él, pues no era hijo suyo, sino de una viuda pobre con la que se quería casar. ¡Bonito regalo me envió!

En cuanto lo vi, tan rubito y regordete, se me hizo la boca agua. Así que le dije a mi criada:

—¡Prepara inmediatamente un baño para bañarlo!

No se trataba de una bañera cualquiera, sino de mi olla, donde yo quería guisarlo al punto. Es que a mí los niños me gustan hervidos, asados, fritos... Pero volvamos a Jurié. El rapaz era espabilado y Katia, la amable señora del bosque, le había dado instrucciones adecuadas y le había regalado unos objetos: un pedazo de pan para entretener a mi mastín, una rebanada de manteca para mi gato feroz y un hermoso pañuelo con flores para la tonta de mi criada. Y cuando me marché para

invitar a cenar un plato de rollizo niño a mi vecino Morro Retorcido, mi criada advirtió a Jurié del peligro.

Algo me dijo que la presa se me estaba escapando y volví a casa volando en mi mortero, cuya mano usé como timón para esquivar los árboles. Pero ya era demasiado tarde, Jurié ya huía, y además, la criada me había robado dos objetos mágicos y se los había dado: una toalla y un peine.

Entonces, mientras perseguía corriendo a Jurié, tiró la toalla e inmediatamente se formó un gran lago, pero mis bueyes mágicos se bebieron toda el agua. Entonces el pequeño desdichado tiró mi peine y se formó un bosque tan espeso que incluso ahora sigo buscando la salida, maldito sea.

Y él no fue el único que se burló de mí. Recuerdo aquella vez que la hermosa Vassilissa vino a mi casa y quise hacerla esclava, pero tenía una muñeca mágica que le daba consejos para escaparse de mí. Sin embargo, debo admitir que estos niños, aunque me gustarían más guisados con verduras, son valientes y de vez en cuando hasta les doy algún consejo o les regalo un hermoso caballo encantado.

Es cierto: la terrible Baba Yaga no siempre es tan mala como la pintan y no duda en recompensar con regalos a las chicas y los chicos que desafían el pavor que despierta.

La cueva de la bruja: hogar dulce hogar

Así es, la *isbá* (casa de campesinos rusa) de Baba Yaga se apoya en una o tres patas gigantes de gallina, está rodeada por una hermosa valla hecha de huesos y una puerta con dientes. Pero si no conoces las palabras mágicas correctas, la cabaña no se te aparecerá.

Más oscura es la cueva de la reina bruja de *Blancanieves* a la que se llega bajando por las innumerables escaleras del castillo. Entre antiguos libros de hechizos mágicos, ollas humeantes y frascos con contenidos inmundos, y bajo la mirada de búhos adormilados y de diminutos insectos rastreros, la malvada reina prepara su famosa manzana envenenada.

Son muy singulares las cocinas de las brujas herbolarias, mujeres sabias que conocían los usos medicinales de las hierbas del campo para proporcionar una cura natural cuando todavía no existían médicos o no se los podían permitir. En estas cocinas había lo habitual: ollas para cocinar la sopa, la comida de los pobres, manojos de hierbas colgantes, tal vez alguna planta alucinógena, alas de murciélago momificado...

Sin duda, la casa encantada que más gusta es la casita de mazapán, hecha de chocolate, dulce de algodón y caramelos. Construida solo para atraer a los niños glotones como Hansel y Gretel.

María de Zozaya y compañía
Las brujas de Zugarramurdi

—¡Esta noche vamos a Berroskoberro! —dijo la madre a Juana.

Juana era una bruja novata y justo esa noche mágica, la del 21 de junio, tenía que participar en su primer aquelarre. Estaba muy emocionada, asustada y, al mismo tiempo, muerta de curiosidad.

«Berroskoberro y la cueva de Zugarramurdi...», se dijo. La pradera del macho cabrío y la cueva de las brujas.

Estaba convencida de que antes o después ella también sería bruja. Algunas de sus amigas ya eran brujas desde hacía varios años y le hacían novatadas.

—Vamos, Juana, incluso hay niños y, además, está a reventar de chicos guapos, y hay baile y comida...

Pero Juana no estaba muy convencida. Su madre no perdió ni un solo minuto, la tomó por las trenzas, le quitó la ropa y la untó con un ungüento viscoso.

—¿Qué es, mamá? Huele mal.

—No te preocupes, un poco de rana, unas cuantas hojas de belladona, perejil y verbena, nada más. Ahora, prepárate, yo me convertiré en una mosca. ¡Vamos! Tú súbete al gato.

Y señaló al gato de la casa, negro como la noche y con dos temibles ojos amarillos. Como si hubiera entendido, el gato se levantó del hogar, se desperezó, abrió los ojos, erizó el pelaje y cargó sobre su espalda a la pobre Juana, que miraba asqueada su propia piel cubierta de babas verdosas.

La mosca y el gato llegaron en un periquete al lugar, justo en las afueras de la aldea de Zugarramurdi. La inmensa boca de la cueva las estaba esperando y en el interior ya estaban todos los aldeanos. Zugarramurdi, el pueblo de las brujas.

Pero quien le daba más miedo a Juana era María de Zozaya, una octogenaria solterona. Se decía de ella que era capaz de provocar tempestades, de volverse invisible para atormentar a la gente de noche y que había burlado a un cura amante de la caza que la persiguió, transformada en liebre, durante horas y horas. Juana lo sabía: era la maestra y a ella se tenía que arrimar.

Juana se quedó ante ella y María la tomó de la mano, le dio un palo y le dijo:

—Esto es tuyo, aprenderás a engrasarlo y usarlo como un caballo, pero también como una varita mágica. Ahora ven conmigo.

Juana sentía pavor, la gente gritaba, reía, comía platos horripilantes, llamas y sombras bailaban en la pared y luego... allí estaba, en lo alto: el Gran Macho Cabrío, negro, con ojos llameantes, los grandes cuernos entrelazados con hiedra, las manos humanas con garras de cernícalo. Y esas manos le hicieron señas de que se acercara. Entonces el Gran Macho Cabrío la tocó y Juana, del sobresalto, tropezó y cayó al suelo, lastimándose el labio.

Se despertó en su cama, aliviada, pensando que solo había sido una pesadilla, pero cuando se levantó y se miró en el espejo, vio que tenía el labio herido y en el ojo una pequeña marca en forma de sapo: ¡el signo del Diablo! Todo había sido de verdad. Ahora era una verdadera bruja.

Zugarramurdi es considerado el pueblo de las brujas en el País Vasco, España.

El aquelarre

El aquelarre es la reunión de brujas y hechiceros para adorar al Gran Macho Cabrío, que podría considerarse la encarnación del Mal, el Diablo.

Antes de ir al aquelarre, la bruja unta su cuerpo con plantas que, en lugar de vuelos mágicos, causan alucinaciones. Esta podría ser una de las explicaciones de las terribles historias que las supuestas brujas, a lo largo de los siglos, han hecho del aquelarre: simples alucinaciones o sueños.

En cualquier caso, si realmente quieres organizar un aquelarre, debes untarte con el contenido de un pequeño frasco de baba de rana o sapo, pero ten cuidado, ya que es punzante y venenoso y al sapo no le gusta que lo aplasten.

A continuación, hay que montar sobre la varita mágica (la escoba es una mentira) que una bruja anciana te ha ofrecido antes, junto con un animalillo simpático y amable como un gato negro furioso, un búho de grandes ojos amarillos o, mejor, un murciélago rollizo, que es más cómodo.

Una vez que hayas llegado al lugar, una cueva, un prado iluminado por la luna o un claro del bosque, te encontrarás en compañía de brujas y brujos, algunos de los cuales, quién sabe, también podrían ser tus inocentes vecinos.

Se baila, se cena desde el postre para llegar a los entrantes, platos todos ellos bastante repugnantes y malolientes, tal vez completado con un bebé recién secuestrado de su cuna. Si bien lo más destacado es el encuentro con el Gran Cabrón, que te mirará con ojos de fuego y te preguntará cuántas malas acciones has cometido. Contéstale que has hecho muchas fechorías o te castigará; luego te dejará en el ojo una marca en forma de sapo, y después de un beso repugnante bajo su cola, serás una bruja perfecta o un maestro brujo.

Y cuando el gallo canta, cada uno en su casa.

BELLEZZA ORSINI

¿Envenenadora o médica?

—Pero ¿por qué quieren juzgarme? ¿Qué he hecho? Soy la curandera de la Sabina, no muy lejos de Roma, y puedo curar huesos rotos y muchas otras enfermedades.

—Eres una bruja —le dijeron los esbirros del conde de Pitigliano.

—No, en absoluto.

Le ataron los brazos a la espalda y la colgaron de una polea, tiraron y tiraron de ella hasta que la pobre Bellezza, para detener el suplicio, confesó:

—Lo admito, soy una bruja y también una médica, sáquenme de aquí y les contaré todo. Aunque necesitaré mucho papel para escribir todas mis brujerías y todo lo que he hecho.

Y Bellezza Orsini comenzó a contar:

—Todo lo que he aprendido lo he leído en mi librito, aquí está.

Y mostró un vademécum de hierbas y plantas de recetas medicinales e ingredientes misteriosos.

Si bien solo era una sirvienta, Bellezza sabía leer y escribir, y cuando le arrebataron su precioso manual, se desesperó, pero como no carecía de imaginación, siguió contando:

—No estoy sola, somos muchas y todas tenemos maestras. En marzo rendimos homenaje a nuestros amos que, a cambio, nos dan el ungüento para volar.

—¿Son ellos los que mandan?

—Oh no, la más poderosa es la reina. Solo la vemos el primer día de noviembre y su nombre es Befania. Las brujas nos peleamos a menudo, y después tenemos que ir ante ella, que nos regaña y nos obliga a hacer las paces. Nunca viene a nuestros bailes. Ni siquiera con el Diablo se lleva muy bien.

—¿Y cómo es ese Diablo?

—Ay, la verdad es que es un hombre apuesto, vestido todo de negro y con un sombrero grande. Llega montando un hermoso caballo sin orejas y sin cola, de morro peludo; nos carga a todas y nos lleva al baile.

—¿Y dónde es el baile?

—¡En el nogal de Benevento, por supuesto! Allí nos encontramos todas.

Bellezza trató de escapar de la prisión, pero no había ningún caballo sin orejas ni cola para ayudarla, por lo tanto, murió, pero fue una muerte tan fea que es mejor que no te la contemos.

Bellezza Orsini fue juzgada y sentenciada en la Roca de Fano, cerca de Roma, en 1528. La reina es Madonna Oriente, que lideraba el llamado Juego de Diana, el nombre que se daba en Italia al aquelarre. Befania o Befana es una viejecita que el 6 de enero, volando sobre una escoba, reparte regalitos a los niños buenos, y carbón a los que no se han portado bien.

El nogal de Benevento

Ungüento, ungüento,
llévame al nogal de Benevento,
bajo el agua y sobre el viento
y con todo tipo de tiempo.

Esta es la fórmula mágica que repetía Bellezza Orsini junto a sus compañeras brujas para ir al famoso nogal de Benevento.

En Benevento se practicaban ritos romanos antiguos en honor de la diosa antepasada de todas las brujas, que era la unión de Isis, Hécate y Diana.

Cuando llegaron los lombardos a Benevento, plantaron un árbol de nogal del que colgaban una piel de cabra y luego, en honor a su dios Odín, intentaban traspasarla mientras galopaban a su alrededor. Después de los lombardos llegaban brujas de todas partes para bailar alrededor del nogal.

Se dice que las brujas de Benevento son muy malévolas y que las han visto jugando a la pelota con niños robados o saltar desde un puente para alzar el vuelo.

ANA BOLENA

La bruja política que perdió... la cabeza

YO FUI LA REINA de Inglaterra e Irlanda, nací en un castillo y morí... en la Torre de Londres, como una criminal. Mi único error: casarme con el rey Enrique VIII. Y ni siquiera fui su primera esposa, sino la segunda y, por desgracia, no fui la última. Mis padres eran los condes de Wiltshire. Acerca de mi fecha de nacimiento, existen muchas dudas: algunos afirman que nací en 1499, prefiero decir que nací en 1507 y quitarme unos años… En todo caso, morí muy joven, de eso no cabe duda: el 19 de mayo de 1536.

Fui dama de compañía de Margarita de Austria, en los Países Bajos, y luego de María Tudor, hermana, quién se lo podía imaginar, del que un día se convertiría en mi marido: Enrique VIII. En Francia estudié, un privilegio que me costó caro, ya que en el siglo XVI las mujeres que recibían educación eran muy pocas y ser una mujer culta, a menudo, significaba... brujería.

En Francia aprendí música, francés, baile, buenos modales y sobre todo... cómo ser reina. Pero aún no era el momento: me llamaron a Inglaterra para servir a Catalina de Aragón, la primera esposa de Enrique. Le voy llamar así, Enrique, de forma amistosa. En cualquier caso, se fijó muy pronto en mí: fue en un baile de máscaras, donde llevaba un vestido de raso blanco bordado en oro. Dicen que era hermosa. Esa noche llegó el amor, el verdadero, con Percy, conde de Northumberland, que hizo todo lo posible para casarse conmigo, sin embargo, no se lo permitieron, y lo casaron con otra, haciéndonos infelices a los tres. Hubo también un poeta entre mis amantes, que me convirtió en la cierva blanca de sus versos, pero esto es un secreto del que prefiero no hablar.

Volvamos a Enrique. Cuando me di cuenta de que estaba enamorado de mí, en 1526, traté de separarlo de su esposa Catalina por todos

los medios posibles. No quería ser solo su amante. Y lo logré, si bien al cabo de siete años y por una excusa que Enrique se inventó a propósito de la pobre Catalina para consiguir que el Papa, por fin, anulase su matrimonio. Fue gracias a mí que Enrique se convirtió en el líder de la Iglesia en Inglaterra y pudo cambiar la ley y casarse conmigo. Si pudiera volver atrás... Durante mi matrimonio la gente ni siquiera se descubría el sombrero ante mí y me desdeñaban entre carcajadas:

—¡Mira quién viene! ¡Ahí van Ana y Enrique!

La gente seguía amando a Catalina. ¡Incluso tuve que escapar en barco por el Támesis perseguida por una multitud de mujeres enloquecidas!

Me convertí en la mujer más poderosa de Inglaterra. Me gustaba la política. Sin embargo, ser una mujer noble de bajo rango, entendida en el arte de gobernar, educada, bella y que había suplantado a una verdadera reina, me creó enemigos, incluido el propio Cromwell, el consejero de mi marido. Los problemas comenzaron poco después: las personas me consideraban una bruja. Cuando Catalina murió y se descubrió que su corazón estaba ennegrecido, me echaron la culpa de ello. Y además, el hecho de tener seis dedos en la mano, como era mi caso, se consideraba una señal de brujería. Sin embargo, lo peor fue que no conseguí darle un heredero varón a Enrique. Me acusaron de brujería y traición por tener intención de matarlo y también de tener un amante. ¿Curioso, no? Enrique en aquella época ya tenía amante de verdad: Jane Seymour, la que se convertiría en su tercera esposa.

El único consuelo que me queda ahora es poder vagabundear por los pasillos de la Torre de Londres, fantasma evanescente, con mi cabeza bajo el brazo.

Ana Bolena fue decapitada con la espada, un «honor» que le otorgó su marido. Llevaba un vestido rojo y verde oscuro y mostraba una sonrisa en los labios, lo que en lugar de demostrar que se enfrentaba a la muerte con dignidad, fue visto como una prueba más de brujería.

La marca de la bruja

Ana Bolena tenía seis dedos en una mano, una marca que se consideraba diabólica. Un defecto físico era suficiente para ser acusada de brujería. Sabemos que la trágica muerte de la reina se debe a las intrigas políticas que se ocultaron detrás de la acusación de brujería, pero tener seis dedos y perder a todos los hijos antes de que nacieran sin poder darle a Enrique VIII un heredero varón, fueron hechos que contribuyeron a su triste fin.

Además, los católicos, con la intención de reafirmarse en Inglaterra después de que Enrique se nombrase a sí mismo jefe de la Iglesia anglicana, difundieron el rumor de que habían visto al mismo Diablo susurrarle consejos al oído a Bolena.

Cuando Ana, en lugar de un niño, como habían predicho los astrólogos de la corte, dio a luz a la futura Isabel I, fue visto como una especie de traición y prueba de brujería para defraudar al rey.

En la corte todo el mundo la consideraba muy hermosa, pero una bruja hermosa puede resultar molesta, así que para desacreditarla, mucho después de su muerte, la describieron como «demasiado alta, con un rostro ovalado, pero de color amarillento, con un diente que sobresalía del labio superior, seis dedos en la mano derecha y con una verruga bajo la barbilla tan grande que para esconderla tenía que usar ropa con grandes cuellos».

La gola, es decir, el gran cuello blanco y rígido que ella llevaba era simplemente la moda de su tiempo, la verruga no era nada más que un gran lunar en el cuello y en su esqueleto, cuando se investigó, no encontraron ninguna rareza. Una vez más, se culpó a una mujer incómoda por ser inteligente y poderosa.

Había otras señales que demostraban la pertenencia al mundo de las brujas o las hadas: narices extrañas, pechos colgantes, marcas con forma de sapo en los ojos, verrugas e incluso ojos bizcos. Y ya no te digo si poseías pies palmeados o pezuñas de cabra, entonces era incontestable. Hubiera estado muy bien haber conservado alguna evidencia de pezuñas en una persona, ¿verdad?

Tituba

Las brujas de Salem

—¡Titubaaaaa, ayúdame!

Así gritaba Abigail, la hija del reverendo Samuel Parris de la comunidad puritana de Salem, Massachusetts.

—No te preocupes, mi niña, ven aquí, te frotaré con este paño frío y luego te acunaré y te contaré una de esas historias que te gustan tanto —trató de consolarla Tituba, la criada del reverendo Parris y niñera de Abigail.

No sabemos si Tituba venía de una isla del Caribe o del África negra, pero sabemos que conocía el uso de hierbas y fórmulas mágicas de su tierra natal y, sobre todo, quería a Abigail, que había criado como a una hija y a quien pudo haber enseñado alguna práctica de brujería inofensiva.

¿Qué le estaba pasando a Abigail? ¿Por qué comenzó a rodar sobre sí misma en el suelo? ¿Por qué gritaba frases sin sentido en medio de la noche o callaba durante horas? ¿Por qué se escondía en los lugares o detrás de los objetos más extraños?

Abigail tenía mal genio y sabía cómo convencer a sus amigas. Y así fue que en la tranquila y puritana ciudad de Salem, un grupo de chicas se dejaron llevar por la locura colectiva y comenzaron a gritar, a arrancarse las cofias blancas y a proclamar que habían bailado con Satanás en el bosque.

Señalaron a Tituba, quien no pudo defenderse:

—¡Ha sido ella! —señaló Abigail.

—¡Sí, ella es la culpable! —afirmaron las otras muchachas poseídas.

Entonces, Tituba, con la cabeza gacha, se presentó ante la comunidad y, después de ser acosada con numerosas preguntas, comenzó a confundirse y, al final, exhausta como todas las supuestas brujas, confesó:

—Sí, soy yo, yo las he acompañado adonde el Diablo. ¡Y también había perros negros, ratas rojas y pájaros amarillos! Pero no estaba sola, también Sarah Osborne estaba allí.

—¡Es cierto, y tenía alas de murciélago! —confirmaron Abigail y las demás, en particular Betty Parris, la nieta del pastor y la más enloquecida de todas.

Eso fue solo el comienzo. Las chicas comenzaron a soltar nombres, como suele pasar en estos casos.

—También estaban Elizabeth Putnam, Anna Putnam, Sarah Good, Deliverance Hobbs y Martha Corey y Elizabeth Proctor...

¡Incluso Dorothy Good, de cuatro años, fue acusada! Y muchas otras.

El doctor Griggs las visitó y terminó diciendo:

—No puedo curarlas, están poseídas por el Diablo y esto no es una enfermedad, sino un mal de ojo transmitido por una bruja. Un crimen que la ley debe castigar.

Era 1692 y así empezó uno de los juicios más célebres y terribles por brujería.

Hubo incluso una mujer, Mary Sibley, quien inventó el llamado pastel de brujas, capaz de delatar a quien realmente era una bruja. La tarta estaba hecha de centeno (una planta que puede tener efectos muy peligrosos si se contamina del hongo llamado cornezuelo del centeno) y... orina. Se la dieron de comer a un perro. De haber habido una bruja cerca, el perro la habría señalado de inmediato. No pasó nada, excepto que el pobre perro tuvo dolor de barriga.

Al final del juicio, que implicó a ciento cincuenta acusados, las sentencias condenaron a 29 personas por brujería, de la cuales 19 acabaron en la horca. Las ejecuciones se llevaron a cabo en Witches' Hill, el Cerro de las Brujas. Tituba, por extraño que parezca, no fue condenada.

La tarta de las brujas

Ingredientes:

- 200 g de pan duro
- 150 g de chocolate *fondant* muy negro
- 200 g de galletas
- 180 g de azúcar moreno
- 250 ml de nata batida o 200 ml de yogur blanco
- 2 huevos
- 1 sobre de levadura para dulces
- 2 chucharaditas de licor para dulces
- Una pizca de azúcar glas

Bate los huevos enteros con azúcar con una batidora eléctrica (las brujas suelen usar una cuchara de madera, también sirve, pero cansa demasiado). Cuando la mezcla se parezca a un hermoso «ojo de bruja» amarillo y espumoso como «baba de sapo», estará listo. Agrega el pan duro rallado (viejo, no mohoso), el licor, la nata, las galletas, desmenuzadas y trituradas junto con el chocolate y, finalmente, la levadura.

Enciende el horno a 180°C (recuerda, no te equivoques: cocina el pastel y no a un niño).

Toma un molde redondo, cúbrelo con papel de hornear ligeramente humedecido, vierte la masa en su interior y hornea durante 40 minutos. Comprueba si está lista insertando un palillo de dientes. No te preocupes, si no has usado mandrágora, la torta no gritará, no le harás daño. Si el palillo sale seco, está cocinada.

Sácala del horno, deja enfriar, quita el molde y espolvorea con azúcar glas. Azúcar glas, por favor, no te confundas con el veneno para ratones.

Decora con alas de murciélago, huesos y ojos de rana al gusto.

Te parecerá extraño que no se utilice harina. Los pasteles de brujas son misteriosos, pero siempre deliciosos.

LAS GLAISTIG
Las brujas hadas

OY UNA GLAISTIG, ¿me ves? ¡Ya no estoy, he desaparecido! Si quieres encontrarme otra vez, ven a buscarme a un bosque que sea muy verde.

Incluso mi vestido largo bordado en oro es verde. Me gusta tumbarme en un claro suave y mezclarme con el musgo y las hojas que caen en otoño.

Te pido disculpas si te parezco presumida. Para ser una bruja, soy realmente hermosa: mi cabello es largo y rubio. Solo hay una cosa que me avergüenza un poco: mi vestido largo sirve para cubrir mis pies. Lamentablemente, no tengo pies de hada, sino dos feas patas de cabra o de pato. Hale, ya te lo he dicho.

Bueno, intenta tú corretear con piececitos de hada por un bosque lleno de raíces y piedras. ¡Mejor dos pezuñas de cabra, mucho más cómodas!

Ahora me estoy preparando para ir al baile. No, no es un aquelarre. Es un simple baile, pero tengo que encontrar el lugar de la cita y no debo distraerme.

Ay, aquí está, lo encontré. ¿Ves este círculo de setas? Lleva aquí por lo menos trescientos años: es nuestro salón de baile. Espera y mira a mis amigas, las glaistig. Somos muy buenas bailarinas.

¿A qué estás esperando? Ven tú también. Aunque si eres un muchacho, no te sorprenda que al dejarte llevar por las danzas salvajes, una de nosotras se abalance sobre ti para chuparte la sangre. Pero si eres viejo o niño, no te preocupes, te echaremos una mano cuando vengas al bosque. Siempre que nos respetes. Y si eres una niña, quién sabe, incluso podrías quedarte con nosotras y convertirte en una pequeña glaistig.

Hay quien nos confunde con hadas, con vampiras, con elfos, pero no somos más que bellas brujas de los bosques antiguos.

Aquí están, mis amigas han llegado, y con ellas también los duendes que viven bajo estos robles talados por los leñadores o los rayos. Se han convertido en sus guaridas. Pero míralos, los duendes son rencorosos y están enfurecidos porque perdieron a su madre, el gran roble, y, para vengarse de los leñadores, les ofrecerán chucherías deliciosas solo en apariencia: son hongos venenosos encantados. Y luego dicen que las malvadas somos nosotras.

Sin embargo, nos gustan las setas y sentarnos en ellas e incluso ponerles nombre: «bastón de hadas amarillo», «sombrero frágil de los elfos» y muchos otros.

Pero ya he hablado bastante, es hora de bailar. Si quieres, únete a nosotras.

Las glaistig, así como las doncellas de los lagos, las ninfas y muchas otras criaturas de la mitología celta, son mitad brujas y mitad hadas. Pueden ser muy buenas y generosas, así como malvadas y rencorosas, depende de tu comportamiento cuando te encuentres con una y de su estado de ánimo.

Las setas, amigas de las brujas

La seta del círculo que menciona la glaistig es el *marasmius oreades* y es verdad que crece formando un círculo perfecto de setas una al lado de la otra. Se llama «el círculo de las hadas» y se sabe que algunos han aparecido cada otoño durante más de seiscientos años.

El hongo, la seta, es un ser misterioso: aparece de repente y, si es venenoso, se cree que es hijo de un hada. Además, hay variedades muy diferentes entre sí y la razón se debe a San Vito, que el 15 de junio, montando un caballo ciego, siembra los hongos al azar, para que uno sea rojo, uno verde, uno pardo, uno delicioso y uno venenoso.

Incluso hay hongos fosforescentes. No hace falta decir que son los que las brujas prefieren, junto con los venenosos, para preparar comidas y pociones «riquísimas».

Pero el señor de todos los hongos es, sin duda, la *amanita muscaria*, con su sombrero rojo salpicado de blanco. Muy venenoso, causa alucinaciones y la muerte.

Algunos dicen que fue la base de la ambrosía, la bebida de los dioses del Olimpo, pero también se conoce en México, Siberia e Indonesia.

De todas formas, a pesar de sus propiedades verdaderamente malévolas, se considera como un regalo de los dioses. Incluso los vikingos lo pensaban, y la leyenda cuenta que una vez su dios Wotan fue perseguido por los demonios montado en su caballo, Slepnir, el cual, agotado por la carrera, dejó caer de la boca unas gotas de espuma de color rojo que cayeron sobre un hongo blanco, el cual se convirtió en el temido y hermoso pequeño señor con lunares del bosque, el amigo de las brujas.

Jenny Dientesverdes y Ana La Negra

Horribles brujas robaniños

CON LA PIEL hecha jirones y su pelo verde claro, color alga, escondida bajo las aguas infectas de la charca, Jenny Dientesverdes espera la llegada de algún niño que confunda la verde superficie con un prado y se abalance en el agua sucia para hundirse y caer en sus afiladas garras, pues no aguarda otra cosa que ahogar y devorar tiernos infantes.

Su amiga, Ana, conocida como *la Negra*, en cambio, es una cazadora de niños, su comida favorita. Para conseguir sus presas se transforma en una mujer hermosa y luego, cuando ya tiene entre sus garras a las desafortunadas víctimas, retoma su aspecto primitivo de bruja espeluznante, con pelo negro sucio y rizado, nariz ganchuda y ojos malvados.

No diremos más porque son realmente una pareja aterradora y preferimos no evocarlas. Mejor lo dejamos a tu imaginación, si realmente te atreves a imaginarlas.

Brujas y plantas acuáticas

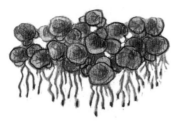

Jenny se asocia a una planta, la lenteja de agua o *lemna minor*, que cubre los estanques y charcas con una pátina verde muy gruesa. En algunas áreas la *lemna minor* se llama «Jenny Dientesverdes» y probablemente la asociación bruja-planta fue utilizada por los padres para asustar a los niños y mantenerlos alejados de los estanques peligrosos.

La lenteja de agua no es la única planta acuática relacionada con el mundo de la magia y de las brujas. El sauce, por ejemplo, de noche arranca sus raíces de la orilla del río y comienza a caminar por los senderos mientras murmura y asusta a los transeúntes.

Y ten cuidado con la baya del saúco pues esconde a una bruja en su tronco. Nunca dejes a un niño en una cuna hecha de madera de saúco porque la bruja que está en su interior lo llenará de moratones con sus pellizcos.

Pero si realmente quieres cortar un viejo saúco y llevártelo a casa, antes pronuncia esta fórmula:

Querida Viejecita, dame tu madera,
a cambio, yo te daré la mía
solo y cuando en árbol me transforme.

DOÑA JULIA

La bruja buena de los «niños santos»

DOÑA JULIA JULIETA es una sabia mexicana, una bruja curandera buena. Y sus conocimientos son antiguos, de los que se transmiten de madre a hija.

—Ven, Julia, ahora que eres mi nuera, quiero enseñarte todo sobre los «niños santos» —le dijo su suegra cuando Julia Julieta estaba embarazada de su primer hijo.

Había entendido que Julia sería una poderosa vidente y curandera, es decir, una mujer capaz de usar hierbas y todo lo que la naturaleza ofrece para tratar a las personas. Desde entonces, Julia Julieta ayuda a los demás en el uso de las hierbas y lo que ella llama «niños santos», unos hongos extraños que conoce muy bien.

Julia Julieta también puede «viajar» con su mente y elevarse por encima del mundo.

—La primera vez que me pasó vi la tierra girar lentamente, vi palmeras grandes que se movían con suavidad y enormes campanas —dice Julia Julieta.

Julia Julieta sabe que para ayudar a los demás uno debe tener un corazón limpio y, por lo tanto, antes de preparar sus pociones, limpia su corazón con ceremonias antiguas.

Julia vive en un lugar llamado «sonlao» (sobre la piedra) porque allí se dice que en la antigüedad había una piedra mágica en forma de estrella. De ese lugar toma la fuerza que luego transmite a los enfermos que le piden ayuda.

Al principio no fue fácil porque nadie creía en la cultura antigua de su pueblo, los mayas, pero luego se convirtió en una guía para los jóvenes dispuestos a conservar este conocimiento tradicional.

Julieta usa los hongos sagrados para curar muchas enfermedades, sobre todo, la tristeza, porque es un mal del alma y está convencida de que sus hongos tienen una especie de alma que ayuda a sanar el cuerpo, pero sobre todo el espíritu.

Julia Julieta es una bruja que no da miedo, pero no debes bromear con lo que ofrece la naturaleza, ella misma nos recuerda que es un conocimiento antiguo. Las setas pueden curar, pero también son peligrosas. Las malvadas brujas de los cuentos de hadas lo saben muy bien.

Hay en México un hongo llamado peyote que utilizaban los aztecas para provocar visiones, aunque es tan potente y peligroso que hoy está prohibido porque se considera una droga. En cambio, los hongos sagrados que Julia Julieta usa se llaman pajaritos en México; su nombre científico es <u>psilocybe mexicana</u>. Ten cuidado, los hongos feos y viscosos no son ningún juego.

El mercado de las brujas

En La Paz, la capital de Bolivia, hay un mercado donde las brujas buenas y malas pueden ir... de compras.

Por unas pocas monedas puedes comprar hierbas, ungüentos y pociones de todo tipo, pero también remedios muy extraños como armadillos, hojas espinosas de cactus y talismanes para toda clase de necesidad: amor, trabajo y salud.

Si te atreves a adentrarte en las callejuelas estrechas, entre tiendas oscuras y en el laberinto de los puestos, descubrirás tótems, piedras extrañas y estrellas de mar, pero sobre todo el objeto más impresionante: fetos disecados de llama. Los propios pastores, cuando un feto nace muerto, lo guardan para las brujas del mercado. Sin embargo, no tengas miedo, son brujas buenas y usarán este poderoso talismán para traer buena suerte a los enfermos, o bien lo quemarán bajo los cimientos de las casas nuevas para traer buena suerte a los nuevos residentes.

Pero, eso sí, ten cuidado, no entres en la zona de la magia negra, donde hay todo tipo de cosas para echar maldiciones terribles: velas negras, calaveras y mucho más que aquí es mejor no mencionar.

MADRE SHIPTON
La bruja vidente

ODO EL MUNDO conoce, sin duda, las famosas predicciones de Nostradamus, pero pocos saben que las profecías de Ursula Southeil, conocida como Mother Shipton (Madre Shipton), eran mucho más exactas y precisas.

Madre Shipton nació en una cueva, un lugar perfecto para una bruja, cerca del río Nid, en la región inglesa de Yorkshire. Y no debemos olvidar que el padre fue el mismo Diablo. «Hecho cierto», según palabras de la comadrona que ayudó a la madre de Ursula a dar a luz:

—No puedo estar equivocada, ese día en el aire se notaba un fuerte olor a azufre y también hubo un estruendo impresionante.

Signos que demuestran con certeza la paternidad diabólica...

Ha pasado mucho tiempo desde el siglo xv, cuando vivió Madre Shipton, pero todo lo que ella predijo, por desgracia, se está cumpliendo. Con un poco de imaginación, por supuesto.

De niña era tan fea, con aquella cabeza enorme, y tan torpe que la madre, cuando Ursula cumplió dos años, la abandonó y fue a encerrarse en un convento para no verla nunca más.

De hecho, quien la describe después de su muerte no hace de ella un retrato muy fascinante: huesos grandes, ojos enormes y saltones, nariz prominente, bultos y, para empeorar las cosas, numerosas pústulas multicolores. Además, su carácter era sombrío y triste. Cómo culparla, pobrecita.

Sin embargo, ella también encontró esposo, un carpintero del que conocemos el nombre, Toby, y el apellido que adoptó su esposa bruja: Shipton. No tuvieron hijos y no se sabe si fue bueno o malo.

A pesar de las apariencias, Ursula albergaba un poder inmenso dentro de sí misma: desde temprana edad supo cómo prever el futuro y leer en la gente.

—Todos me tenían miedo, me llamaban bruja, pero usé mis poderes única y exclusivamente para ayudar a los demás.

Sus profecías se publicaron en forma de versos.

—Al rey Enrique VIII le anuncié una batalla y que vencería a Francia. No quiso creerlo, pero luego, cuando salió victorioso, tuvo que cambiar de opinión.

Madre Shipton era realmente una vidente formidable y podía leer el futuro. Predijo la derrota de la Armada Invencible española contra Inglaterra y el incendio que asoló Londres en 1666.

Presta atención a la Madre Shipton porque sus profecías han llegado hasta al día de hoy.

La Madre Shipton pudo prever acontecimientos políticos: tal vez fuera solo una «buena periodista» o el mérito reside en sus lectores.

La profecía de la Madre Shipton

Los reyes harán muchas promesas falsas.
Hablarán solo por hablar.
Las naciones prepararán una horrible guerra,
como nunca antes se había visto
Los impuestos aumentarán,
mientras que el tenor de la vida bajará.
Y las naciones comenzarán a odiarse entre sí.
Tres volcanes dormidos
emitirán un aliento fuerte.
Y luego, harán erupción de lava, barro, hielo y muerte.
El terremoto se tragará país por país.
Los cristianos lucharán contra los cristianos.
Y las naciones quedarán asombradas,
sin poder mover un dedo.
La gente amarilla ganará poder,
uniéndose con un gran oso en el tálamo.
Los dos no podrán dividir el mundo en dos partes,
y todo esto conducirá a una catástrofe.
La fiebre causará tantas muertes,
los médicos no encontrarán la cura para esa enfermedad,
y será peor que el final de una liebre sacada de su madriguera.
Cuando todo esto suceda,
muchos, solo entonces, leerán mi profecía.
Y algunos verán los bueyes y otros la luz.

Y ahora intenta comprender a qué hechos se refería Madre Shipton y cuáles crees que se han cumplido.

Margarita

Bruja por amor y por una noche

ARGARITA NO ES UNA BRUJA. Es una joven bella, bondadosa y muy enamorada de un escritor infeliz y desafortunado al que ella simplemente llama «el maestro» con motivo de sus extrañas y brillantes ideas; resulta un incomprendido para el público y vive encerrado en un asilo.

Margarita no se imagina qué le espera esta noche. Satán ha decidido divertirse y para ello se va de viaje a Moscú, acompañado por una hueste de extraños personajes que invaden la ciudad procurando diversas molestias.

Vóland es el nombre que toma allí Satán. Sabe que el maestro es, además de buena persona, buen escritor e incluso da a conocer algunas de sus hermosas páginas. Curiosamente, el Mal, Satán se interesa por el Bien, el Maestro. Pero lo hace de una manera extraña: invita a Margarita y a su maestro a un aquelarre.

—Te convertirás en bruja por una noche —le dice Vóland-Satán.

—Ni siquiera sé qué es un aquelarre, pero si es por el bien de mi maestro, seré bruja por una noche e incluso para siempre.

El aquelarre deviene en una extraña danza y Margarita se encuentra a sí misma sentada en un trono, y alrededor de ella, un torbellino de personas le rinden homenaje como a una reina, pero no son bailarines como los demás, sino locos, asesinos, traidores, envenenadores y ahorcados.

De repente llega el último invitado, el barón Meigel. Vóland-Satán le dice, sonriendo y dándole un susto de muerte:

—Se dice que es usted un espía que quiere traicionarnos, con lo cual, y para complacerlo, hemos decidido hacerle la tarea más fácil e invitarlo aquí, directa y sencillamente, con nosotros para que pueda espiar mejor.

Enseguida, Azazello, un asesino al servicio de Vóland se le acerca, se oye un chasquido y una mancha de sangre se extiende sobre el pecho del pobre barón. Rápidamente, Vóland, agarra un vaso que llena de sangre y se lo ofrece a Margarita.

—¡No, no, no puedo! ¡Qué asco! —exclama la joven.

Sin embargo, es una bruja, ya no hay vuelta atrás, y decide ir hasta el final. Cierra los ojos y traga un sorbo de la repulsiva bebida.

En un instante desaparecen los personajes horribles, la sangre, las luces y el salón vuelven a ser lo que era: una simple sala de estar.

—Me he convertido en bruja —le dice Margarita a Vóland—, ahora me debes una recompensa: devuélveme al maestro.

Y así será: Margarita y el maestro se encuentran cogidos de la mano, libres, en un sendero cubierto de musgo, al amanecer de un nuevo día. Ante ellos, la luz eterna.

Es el escritor ruso Bulgákov quien cuenta esta historia en la que un demonio y una bruja, por amor, regalan a un hombre el bien y la libertad.

Las fiestas de las brujas

Candelaria

Cada 2 de febrero, unas brujas modernas, de carne y hueso, junto con unas brujas-fantasmas del pasado, llegan de todas las partes del mundo a la Isla de Man, una isla entre Irlanda e Inglaterra, para corretear entre ruinas de castillos, duendes y espíritus, y celebran una gran fiesta en el viejo Molino de las Brujas. Después, las brujas se van, pero muchas se quedan y retoman su forma anterior de gatos. Los famosos gatos sin cola de la Isla de Man.

Halloween

La noche de Halloween, el 31 de octubre, deriva de *All Hallows' Eve*, víspera de Todos los Santos, la fiesta en honor de todos los santos que se celebra el 1 de noviembre y que procede de Irlanda. Es una noche verdaderamente especial para el mundo de las brujas porque se reúnen con las almas de los muertos y los gobelins, es decir, los duendes en pos de un cuerpo donde habitar. Calabazas talladas con ojos y bocas e iluminadas acogen a los niños disfrazados que tocan a la puerta para pedir un dulce o hacer una broma. No debemos olvidarnos de preparar un banquete para las almas de los muertos que pasan, durante la noche, cuando los niños ya están en la cama.

La noche de Walpurgis

Es la noche que marca la transición al verano, del 30 de abril al 1 de mayo. De hecho también toma el nombre de Fiesta de Mayo. Antiguamente era una noche de celebración y bailes en honor de la Gran Madre, luego reemplazada por San Valpurga, madre abadesa de un monasterio alemán que se invocaba para alejar a los espíritus y las brujas que viajaban por el mundo durante esa noche. Al día siguiente, para agradecer el hecho de estar a salvo, la gente llevaba un árbol a la plaza de su pueblo y lo decoraba: el árbol de mayo. Algo menos contentas se quedan las brujas por tener que aplazar su fiesta.

LAS BRUJAS DE OZ

Las brujas de los cuatro puntos cardinales

ESDE QUE LA CASA de Dorothy, la niña presumida de Kansas, junto con Totó, su perro callejero, aterrizó sobre mi pobre hermana, la Bruja del Este, y la mató, juré venganza. La que habla es la Bruja verde y fea del Oeste, montada en su escoba, y es la hermana de la difunta Bruja del Este, que murió tal como nos lo cuenta: aplastada por la casa de madera de la pobre Dorothy, después de que se la llevara uno de los frecuentes tornados de Kansas. Así llega Dorothy al fantástico mundo de Oz, en medio de mil aventuras y con un anhelo: volver a su tierra, con sus tíos.

—¡Déjala en paz, Bruja traviesa del Oeste! —le dice la Bruja del Norte, una bruja rubia y dulce con un bonito vestido blanco—. Y ahora voy a darle un beso a Dorothy para que tú no le puedas hacer daño. Además le daré los zapatos de plata de tu hermana que, como está muerta, ya no los necesita.

Así, Dorothy, con un precioso par de zapatos mágicos, empieza a andar por un sendero amarillo que conduce, después de muchas aventuras, a la tierra de Oz, el mago, el único que la puede guiar para volver a casa.

Tal vez. Porque en realidad el mago es un charlatán, aunque esto se descubre solo al final.

Mientras tanto, Dorothy, anda que te anda, se encuentra con tres amigos especiales: un León cobarde que quiere tener valor, un Espantapájaros que quiere un cerebro y un Hombre de hojalata que quiere un corazón.

—Por supuesto que los ayudaré —les dice el mago de Oz—. Siempre que maten a la Malvada Bruja del Oeste, en la tierra de los Martufios.

¿Fácil, no?

«Bueno, bueno —piensa la Bruja del Oeste—, ahora tomaré cartas en el asunto y cumpliré mi venganza.»

Y por este orden mandará a luchar contra el grupo de amigos a: los hombres lobo, que despachará el Hombre de hojalata; unos cuervos monstruosos, a los que el Espantapájaros matará porque su trabajo de ser espantapájaros se le da muy bien; unas abejas negras gigantes, que quedarán aplastadas contra la armadura del Hombre de hojalata y, finalmente, el monstruoso ejército de los Winkies, que serán atemorizados por el rugido del León que había sido cobarde. Pero todo parece inútil porque la Bruja del Oeste usa la magia del sombrero dorado para apresar a Dorothy, desmontar al Hombre de hojalata y al Espantapájaros y casi matar de hambre al León.

Pero Dorothy se rebela y, cuando la Bruja del Oeste intenta robarle los zapatos, ella la deshace arrojándole un cubo de agua por encima. Se sabe que el agua y las brujas no son buenas amigas. Entonces los ejércitos de la Bruja quedan liberados de su yugo y ayudan a Dorothy a reconstruir a sus amigos y liberar al León. Ahora están listos para regresar a Kansas en el globo del mago que, sin embargo, se va sin ellos. ¡Qué desdicha!

—¡Esta vez seré yo quien os ayude! —dice la encantadora Bruja del Sur, y los manda a la Tierra de los Quadling...

Solo les falta un puñado de aventuras a Dorothy y sus amigos, que ya han recuperado cerebro, corazón y valor, para volver a la casa de los tíos, por fin, lejos del «reino mágico del mago de Oz».

Brujas: las amazonas de la escoba

Si piensas en las brujas, la escoba inmediatamente viene a la mente como el caballo que las brujas usan para ir al aquelarre y, sin embargo, una antigua y extendida costumbre muy difundida es la de poner una escoba detrás de la puerta... para alejar a las brujas y a los espíritus malignos. ¿Sabes por qué? Las brujas, nada más colarse por debajo de la puerta, al encontrarse con una escoba no pueden dejar de contar los hilos de paja y cuentan y cuentan hasta que amanece y entonces es fácil echarlas.

¿Cómo explicas que, desde siempre, se haya visto a la bruja montada en una escoba? Probablemente es un error de interpretación. El Macho Cabrío-Diablo regala un bastón a la bruja novata, que luego aprenderá a engrasar con la famosa «grasa para untar» que sirve para convertir un simple palo en un vehículo volador.

En cualquier caso, si la bruja tiene que ir montada en una escoba, debe ser con la parte de la escoba por delante y no con la parte posterior, como normalmente se la representa.

Si no se coloca así, la escoba no despega.

CATALINA DE LOS RÍOS
La bruja pelirroja

E ACUSARON DE SER una envenenadora, de matar a mis amantes, de maltratar a mis sirvientes. En resumen, de ser una bruja, pero tal vez mi única falta fue nacer con una hermosa melena roja, rizada y unos ojos verdes magnéticos como los de un gato.

Catalina de los Ríos, conocida como *La Quintrala*, era una hermosa dama chilena, hija de un noble español y descendiente de una princesa inca.

Incluso hoy, en Chile, a pesar de haber vivido varios siglos atrás, se nombra a La Quintrala en voz baja por temor de que aparezca y eche maldiciones.

—Tenía muchas tierras y sí, lo admito, tenía mal genio, pero en ese mundo dominado por hombres, tenía que defenderme, ¿no? Y tal vez eso molestaba: yo era hermosa y rica.

»Todos me llamaban con desprecio La Quintrala, el nombre de una planta venenosa, una especie de muérdago. Y esto me volvió orgullosa. Quién sabe por qué. Tal vez debido al color rojo de sus flores, rojo como mi pelo llameante. O tal vez porque me acusaron de envenenar a los que me molestaban... Ya lo he dicho, tenía que defenderme como fuera. ¡Nunca sabrás la verdad!

También se rumorea que la tía y la abuela, a quienes Catalina fue confiada de niña, eran expertas hechiceras, y que aprendió de ellas las artes mágicas con las que envenenaron a su padre, Gonzalo, mediante un plato de pollo que ella había preparado. Pero Gonzalo era un hombre muy enfermizo y esta fue probablemente la primera acusación injusta que sufrió Catalina la Quintrala.

—Cuando tenía veintidós años me casé con el coronel Alonso

Campofrío, mucho mayor que yo. Le guardaba cariño, pero no lo amaba. Él se portó bien conmigo y me lo perdonó todo, incluso mis amantes. Sí, he tenido unos cuantos, lo admito, pero eso de apuñalarlos, eso... hay que probarlo. Imagínate que me acusaron de haber invitado a un rico propietario que vivía en la capital con una carta de amor para luego matarlo a puñaladas. Pero ¡si ni siquiera sabía escribir! Era rica, pero nunca recibí la educación de una dama.

»También se dice que apuñalé a Enrique Enríquez, caballero de la orden de Malta. Pero ¿te contaron que Enrique se había burlado de mí y me insultó muchas veces?

»Muchas habladurías. Que corté la oreja de Martín de Ensenada. Que maté a un caballero después de una cita amorosa. Que era cruel con mis esclavos. Que uno de ellos murió por practicar oscuros ritos y lo dejé sin entierro durante dos semanas. ¿Acaso quise convertirlo en zombi? Me atribuyeron muchas otras atrocidades.

Finalmente Catalina fue acusada oficialmente de hasta cuarenta crímenes, pero gracias a su riqueza e influencia, consiguió librarse de la condena. Solo treinta años después, la justicia la declaró culpable. Por aquel entonces ella ya estaba muerta.

¿Bruja, asesina o simplemente una mujer rica, bella e influyente? Tales características reunidas en una mujer sola causaban resquemor en los hombres y en una sociedad machista.

Recetas contra las maldiciones

No sabemos si Catalina fue de verdad una bruja malvada, pero si crees que alguien te guarda rencor y sospechas que tal vez sea bruja o brujo, intenta protegerte con una de estas recetas. Más que encantamientos son remedios de la abuela, pero, quien sabe...

El limón

¿Quieres saber si alguien te ha echado mal de ojo? Toma un limón, córtalo por la mitad y pon las mitades en la cocina y en el dormitorio. Si después de un mes se vuelve negruzco, por desgracia, significará que tienes mal de ojo y puedes pasar al remedio de las cebollas.

Cebollas

Corta una cebolla en cuatro partes y pon un cuarto en cada esquina de tu habitación durante una noche. A la mañana siguiente, córtalos y entiérralos, luego repítelo todo durante tres días seguidos. La maldición se quedará bajo tierra junto con la cebolla.

La cajita

¿Te gustaría ser rico como Catalina? Toma una caja de madera, coloca en su interior unos papelitos, del tamaño de un billete, añade unas hojas de tomillo y ciérrala con una cuerda y treinta y un nudos. Luego entiérrala debajo de un nogal. Después de un año, el dinero vendrá.

HIPATIA

La filósofa tan inteligente que la acusaron de brujería

—¡NO ES UNA MUJER!

—¡No es posible que sepa tantas cosas!

—¡Es inadmisible que una mujer pueda superarnos en sabiduría!

—¿Será una bruja?

Esto dijeron de ella.

Sin embargo, académicos, filósofos y políticos acudían a su escuela procedentes de todo el mundo antiguo para escuchar sus palabras encantadoras, pues Hipatia era astrónoma, filósofa y matemática. Especialmente le gustaba desentrañar los misterios de las fórmulas de Arquímedes y Euclides.

Desde niña, siguió al padre de la geometría a todas partes para entender el secreto de las formas geométricas hasta que llegó a ser mejor que el maestro.

—Nunca me conformé con nada —dijo—. ¡Tengo que entenderlo todo sobre el mundo y el cielo!

Gracias a sus ideas, se desarrollaron dos herramientas muy importantes: mejoró el primitivo astrolabio y el hidrómetro, el primero para medir la altura de las estrellas y el segundo para medir el peso de los líquidos.

Pero Hipatia se cansó de estar encerrada en las paredes de la prestigiosa escuela de Alejandría, inspirada en el gran filósofo Platón, por lo cual, de vez en cuando, tomaba su capa y se iba a la plaza, donde hablaba con quienes deseaban escucharla. «El conocimiento pertenece a todos», solía decir Hipatia.

Era tan sabia que muchas personas célebres de la ciudad, antes de tomar decisiones importantes, iban a consultarla. Algunos comenzaron a sentir envidia o preocupación de que acumulase demasiada influencia y empezaron a circular rumores entre los líderes cristianos: «¡Es una hereje! Practica los rituales prohibidos de los paganos. Es... ¡una bruja!». Ella se mantenía pagana en un Egipto con una comunidad cristiana cada vez más importante, y además luchaba contra los abusos del poder religioso.

En resumidas cuentas, esta mujer filósofa contaba con demasiados conocimientos y sabiduría para aquellos tiempos en los que la cultura era muy importante, pero estaba toda en manos de los hombres. Su final fue horrible: una turbamulta fanática cristiana la esperó cuando volvía a casa en su carro, la arrastró por el suelo, le quitaron la túnica y la lapidaron hasta la muerte, la desmembraron y luego la quemaron como una bruja. Fue una de las primeras mujeres quemadas en la hoguera y un acto no cristiano que luego fue condenado, pero demasiado tarde: Hipatia y su cerebro prodigioso habían desaparecido.

Afortunadamente todavía conservamos sus estudios y sus sabias palabras y un dulce poema que habla de ella: «Hacia el cielo están todos tus actos, sagrada Hipatia, belleza de las palabras, estrella purísima de la cultura sabia».

Hipatia, Alejandría, Egipto, siglo IV: «Defiende tu derecho a pensar con la cabeza. Pensar mal es mejor que no pensar en absoluto».

La bruja de Agnesi

Otra mujer, también matemática, pero que vivió en el siglo XVIII, reclamó su derecho a recibir una educación como la de sus hermanos varones: Maria Gaetana Agnesi. Al principio, su padre no le hacía caso, pero luego, ante la brillante mente matemática de Maria Gaetana, se resignó y le proporcionó una educación. Ella, como Hipatia, superó a sus maestros.

Pero el hecho extraño es que una niña tan racional haya pasado a la historia de las matemáticas por «la curva de la bruja», una curva geométrica que ella estudió, con tal trascendencia que tomó su nombre: la bruja de Agnesi.

Todo se debe a una mala traducción de su libro al inglés. Simplemente, otro matemático, Grandi, había llamado a esta curva como la curva «versoria» (en latín, que gira), y Maria Gaetana la denominó con un derivado imaginativo: «versiera», que es la cuerda que hace girar las velas de los barcos.

El traductor se confundió entre las palabras italianas «versiera», y «avversiera» (hechicera), y así la curva recibió ese nombre: «la curva de la hechicera, de la bruja». ¡Sin tener nada que ver con la brujería!

VIVIANA Y MORGANA
Las magas celtas de los lagos

EL MAGO MERLÍN, el buen mago protector de los Caballeros de la Mesa Redonda de las leyendas del rey Arturo, tenía dos discípulas: Viviana y Morgana.

Merlín conoció a Viviana cerca de un manantial en un brillante día de primavera y se enamoró de ella. Viviana, hermosa y astuta, se convirtió en su hechicera favorita: «¡Por favor, Merlín, querido, enséñame todas las artes mágicas que conoces!», le dijo. Pero Viviana no sentía nada por el viejo mago y demostró ser ingrata al emplear las fórmulas mágicas aprendidas para encerrar a Merlín para siempre.

Todavía existe, en algún lugar debajo de una roca o en una torre de cristal, una prisión subterránea encantada, donde de vez en cuando y siempre acompañada por su novio Meliador, la bella hechicera visitaba al pobre mago Merlín, aún enamorado de ella.

Un día Viviana lo abandonó porque prefirió retirarse a vivir a un castillo invisible a los seres humanos, ubicado en el fondo de un lago. Allí mismo la hechicera crió al niño Lancelot, el famoso héroe medieval, después de habérselo robado a su madre. Quién sabe si la leyenda que atribuye a las brujas la costumbre de llevarse a los niños tenga su origen en este episodio. Lancelot, una vez que se hizo mayor, la abandonó para arrojarse en brazos de la reina Ginebra.

Merlín se había vengado.

Viviana no hizo solo cosas malas, de hecho hizo algo muy bueno como fue regalar la espada mágica Excalibur al rey Arturo, quien había roto la suya.

La otra aprendiz del sabio mago, Morgana, no era mucho más amable ni bondadosa que Viviana. Morgana, la bruja vengativa de Ávalon, la isla de las hadas, era hermanastra del rey Arturo. Desde niña demoɛtró tener poderes extraordinarios que le permitían transformarse en animales u objetos. Merlín, preocupado, aconsejó a Arturo desposarla con el rey Urien para alejarla de la corte. Aquel fue un matrimonio muy infeliz.

Transcurrido un tiempo, Merlín la invitó a ser su aprendiz, con el fin de controlar sus superpoderes. Sin embargo, Morgana, con un excepcional maestro como el mago Merlín, no solo perfeccionó sus artes mágicas, sino que aprendió una gran cantidad de hechizos de amor que utilizó para enamorar a Guiomar, el primo de la reina Ginebra, a quien acabó encarcelando en un lugar creado para él: el Valle sin Retorno. En realidad, la fascinante y vengativa Morgana tenía sus motivos, ya que Guiomar la había traicionado con otra dama. Al final, todos los otros amantes que la engañaron terminaron en el mismo lugar. Solo un hombre leal a su novia podría redimirlos. Y fue precisamente el heorico caballero Lancelot, cada vez más enamorado de Ginebra, quien los liberó a todos, desatando la comprensible ira de Morgana. Su plan había fracasado.

Morgana, representada con el pelo largo trenzado con algas marinas y flores de manzano, no se llevaba muy bien con el rey Arturo, así que un día reemplazó la espada encantada Excalibur por una corriente.

Morgana finalmente se redimió cuando trasladó el cuerpo del agonizante Arturo a Ávalon, a la espera de su glorioso despertar algún día.

Viviana y Morgana son personajes de las historias medievales en torno al rey Arturo. Estas bellas, hábiles y astutas magas, en realidad no son más que dos hadas enamoradas. A los espejismos que se ven en el desierto o en el estrecho de Messina se los llama a menudo «del hada Morgana», pues se dice que son bromas que ella todavía se divierte en gastar para confundir a los hombres y llevar a cabo su venganza.

Sortilegios de amor

El nudo del amor

También llamado «nudo de brujas», sirve para vincular al ser amado. Toma una rama flexible y hazle tres nudos pronunciando el nombre de la persona que amas.

Sueños de amor

Toma unos pétalos de rosa, rojos, por supuesto, polen de iris, pimienta y un mechón de cabello; guarda los ingredientes en una bolsita de tela y vierte unas gotas de aceite de pino. Ponla debajo de tu almohada: ¡tu ser querido solo soñará contigo!

La bolsa atrae-amor

Mete en una bolsita romero, salvia y tomillo, vierte 7 gotas de esencia de bergamota cada 7 días y llévala contigo. Todos tus deseos de amor se cumplirán. Y si no funciona, de todas maneras, ¡olerás muy bien!

Letras del amor

¿Quieres saber si te casarás y con quién?
Escribe en varios papelitos diferentes las letras del alfabeto y luego sumérgelas boca abajo en un recipiente lleno de agua. Por la mañana, encontrarás las iniciales del futuro novio o novia boca arriba.

Medea

La maga asesina y enamorada

ICEN QUE FUE la primera bruja auténticamente perversa, una bruja feroz y una asesina. Algo de cierto hay, pero la bella griega de largo cabello negro también era una mujer desafortunada y muy enamorada.

Vivió en la Antigua Grecia y su árbol genealógico de bruja era impresionante: hermana de la bruja Circe, hija de Eetes, el hijo del Sol, y sacerdotisa de Hécate, la diosa del inframundo. Medea era una hechicera experimentada.

En aquella época, todos los héroes griegos, fuertes y musculosos y no siempre muy inteligentes, ansiaban apoderarse del vellocino de oro, una piel de oveja con rizos de oro que dotaba de poder, honor y un reino a quien la poseyera. Cuando Jasón, que era uno de ellos, llegó a las tierras del rey Eetes, donde se encontraba el legendario pellejo, se topó con la hija del rey, Medea, lo suficientemente bonita como para enamorarlo y, además, experta en artes mágicas.

—¿Cómo voy a poder hacerme con el vellocino de oro si no consigo aprobar las tres pruebas que tu padre Eetes me ha impuesto? —le preguntó Jasón abatido—. ¡El dragón me devorará, los toros con sus pezuñas plateadas y su aliento de fuego me harán arder y los gigantes me pisotearán!

Pero la bruja encantadora sabía cómo hacerlo: en particular, conocía los poderes de un azafrán mágico con el que ungió el cuerpo del amante, que así logró pasar indemne a través de las llamas que emanaban de las fosas nasales de los toros infernales. Y ella, nuevamente, fue la que le advirtió que tirara una piedra entre los feroces gigantes para que se mataran entre sí. Y, para terminar, fue ella quien, con oscuras palabras mágicas, hizo dormir al dragón que guardaba el vellocino. Y Jasón, por fin, pudo conseguirlo.

Por amor a su Jasón, Medea también le proporcionó el reino que el héroe soñaba con poseer sin necesidad de envenenar a los que se interponían en su camino al trono.

Medea y Jasón se casaron, pero desafortunadamente no tuvieron un final feliz. A Jasón le esperaban batallas y viajes marítimos llenos de aventuras y desventuras. En una de ellas, conoció a Creúsa, la hija del rey Creonte, y dejó a Medea por ella.

Medea, después de todo lo que había hecho por Jasón, se enfureció y cometió actos horribles, como enviarle una túnica envenenada a Creúsa. Lo peor, su venganza suprema, fue matar a los hijos que tuvo con Jasón cuando todavía vivía en Atenas. Esto causó muchas más desgracias y Jasón, que no soportó tanto dolor, escapó por mar y nadie supo nada más de él.

Hoy Medea sigue siendo el personaje trágico del teatro griego más sugerente, apasionante y aterrador: lo que una mujer puede hacer cuando está enamorada y herida...

Medea cumple el arquetipo de hechicera en la mitología griega. El nombre Medea, significa «astucia» en griego.

La mandrágora

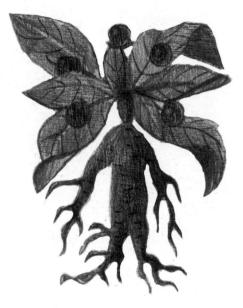

Busca una plántula de mandrágora una noche de luna entre el solsticio de invierno y el solsticio de verano. Cuando la hayas encontrado, dibuja un círculo alrededor de ella en el sentido contrario a las agujas del reloj y luego empieza a extraerla, teniendo mucho cuidado de no dañar las raíces o, de lo contrario, la oirás gemir y murmurar. No olvides dejar siempre una parte de raíz bajo la tierra. Verás que la mandrágora parece un pequeño ser humano. Cuando llegues a casa, tállala un poco para darle una forma bonita. No tengas miedo si las heridas sangran y se queja: la mandrágora es una planta quejica y llorona. Entiérrala en un cementerio o en una encrucijada de calles y acuérdate siempre de dibujar encima el círculo mágico y regarla durante todo el mes lunar. ¡Cuando la saques, verás que estará sana y feliz! Entonces puedes ponerla a secar. Es un gran trabajo, pero tendrás un amuleto muy poderoso al que se atribuyen propiedades protectoras asombrosas. Siempre que creas en ellas.

No solo brujas
Magos, brujos y nigromantes

HOY SE CELEBRA la gran reunión de los magos del Gran Mundo de la Magia. La bóveda del salón reproduce los signos del zodiaco. Alrededor de la mesa redonda se sientan personajes pertenecientes a todas las épocas: algunos visten túnicas, otros, capas y trajes largos, zamarras y calzones de seda del s. xviii, así como casacas y pantalones cortos de terciopelo y camisas de puños bordados; los sombreros más pintorescos compiten en elegancia y excentricidad. Casi todos lucen largas barbas y varios llevan peluca.

Algunos han traído su esfera de cristal, muchos, su varita mágica, pero también hay quien guarda la mano en el bolsillo y uno, el mago de la reina Isabel de Inglaterra, John Dee, tiene el espejo negro en el que lee el futuro.

Cuando entra el mago Merlín, todos se levantan y se saludan doblando el índice y el pulgar de la mano. Merlín traza un triángulo y escribe «Abracadabra», la protección de todos los males. Luego cede la palabra a los magos para que expliquen lo que han hecho durante el último año:

—Bienvenidos y ¡que empiece el más anciano!

—Puedo probar que el alma se puede separar del cuerpo y viajar sola, para luego regresar al cuerpo —anuncia Pitágoras (s. vi a. C.).

—He creado una mosca de latón que ha alejado a todos los insectos perjudiciales de la ciudad de Nápoles —proclama Virgilio (70-19 a. C.).

—He descubierto que la mujer de Menipo de Corinto es una mujer malvada y que va y viene del reino de los muertos y se lo he dicho al pobre hombre —afirma Apolonio de Tiana (s. i d. C.).

—Yo traté de pagar a San Pedro para que me revelara cómo hacer un milagro, pero, nada, no hubo forma de convencerlo —desvela Simón *el Mago*.

—Yo he descubierto una piedra preciosa que tiene propiedades mágicas para curar tres enfermedades diferentes. Un portento: aquí está —desvela Alberto Magno (1193-1280).

—He progresado en mis estudios de alquimia, pero he tenido que esconderme durante un tiempo porque la iglesia me estuvo persiguiendo —denuncia Ramon Llull (1235-1315).

—A mí me ha pasado lo mismo porque gracias a la lectura del pensamiento gané todas las loterías del reino. La cárcel me espera, me temo —asegura Alejandro de Cagliostro (1743-1795).

—¡Hemos estado estudiando un año entero y ahora sabemos cómo evocar a los espíritus! —revelan Heinrich Cornelius Agripa (1480-1535) y William Lilly (1602-1681).

Cerró la reunión el sabio Paracelso (1493-1541), que contó sus descubrimientos en medicina a partir de hierbas y minerales.

Poco a poco desaparecieron. Y en la sala, de todos los magos, solo quedó un hilo de humo.

En la historia hubo muchos brujos, muchos más de los nombrados aquí. Estos hombres, por el hecho de serlo, recibían títulos pomposos y serios, tales como magos, médicos, videntes y astrólogos. Por las mismas razones, a las mujeres las llamaban simple y despectivamente... ¡brujas!

Las cuevas alquímicas

La leyenda de la Cueva de Salamanca, una escuela peculiar

Se dice que varias ciudades esconden cuevas donde antiguamente alquimistas, magos y nigromantes practicaban la magia, buscaban la vida eterna a través de la piedra filosofal y realizaban otras prácticas secretas, pero la más famosa es la de Salamanca.

Dicen que fue Hércules el fundador de una academia para impartir conocimientos mágicos en una cueva de la ciudad de Salamanca, pero luego todos se olvidaron de ella, incluso el mismo Hércules.

La leyenda atribuyó después al demonio Asmodeo las clases de magia negra y adivinaciones en la cueva. Terminada la carrera de estudios mágicos, uno de los siete alumnos debía quedarse con él. Y esto se cumplió siempre hasta que el marqués de Villena consiguió escapar escondiéndose en una tinaja, pero el demonio lo persiguió y consiguió arrancarle la sombra. Así que el marqués pasó a la historia como el «hombre sin sombra».

El mismo Miguel de Cervantes le dedicó un divertido entremés. Y en Hispanoamérica se llaman «salamancas» las cuevas o antros donde las brujas celebran aquelarres y reuniones diabólicas.

Hoy la cueva corresponde a lo que queda de la antigua cripta de la iglesia de San Cebrián, pero no tiene mucho que ver con la «verdadera» cueva de los alquimistas.

«Salamanca» como «salamandra», el anfibio que vive en antros y cuevas oscuras...

SIBILA
Veo veo...

ESTOY INTENTANDO ESCONDERME. Pero no sé dónde. He tratado de ocultarme en unas cuevas, en la selva, en los montes, cerca de ríos, pero siempre hay alguien que me llama, me busca, me encuentra. Y todo porque soy adivina y quieren conocer su futuro.

Aunque hay quien afirma que soy hija de Zeus y de Lamia, la primera bruja-hada, hija de Poseidón, el rey del mar, eso no es cierto. Mi padre es el troyano Dárdano y mi madre se llama Neso. Me llamo Sibila, la primera profetisa.

El dios Apolo viene a verme de vez en cuando y me dice cosas al oído. Luego, si me apetece, se las revelo a los hombres, y si no tengo ganas, me guardo el secreto. Tantos secretos pesan mucho en la conciencia, así que he tenido que enseñar el oficio a otras que conservaron mi nombre: las sibilas.

Dicen que la más importante de nosotras fue la Sibila de Cumas, pero yo he sido la primera. ¡Ay, la cumana! Cuando Apolo le regaló el don de la inmortalidad, se olvidó de pedirle también el de la eterna juventud. Y ahora la pobre se ha convertido en una viejecita diminuta que vive dentro de una botella. Lo siento pero no puedo hacer nada por ella.

Cuando leo el futuro, lo hago en hexámetros, un verso griego habitual para componer poemas, luego escribo mis previsiones sobre hojas que se lleva el viento. Es muy difícil interpretarlas. A veces se crean malentendidos muy divertidos, ji, ji, ji.

Soy profetisa, pitonisa y poetisa. Ay, por cierto, nos llaman pitonisas, ¿sabes por qué? Una de las más conocidas de nosotras fue Pitia, del oráculo de Delfos. De su nombre surgió «pitonisa», y también «pitón», pues protegía el templo una gigantesca serpiente alada.

Alguna de nosotras predijo la guerra de Troya y sobre todo la llegada de Jesús. Pero no todas anunciamos cosas bonitas. Por ejemplo, la sibila de Eritrea anunció el fin del mundo. Pero no le hagas caso, es muy pesimista.

Hay magos videntes que han aprendido de nosotras, tal vez el más famoso por sus profecías fue Nostradamus, que en el s. XVI predijo guerras, revoluciones y personajes malvados de la historia. ¡Un novato! Nosotras ya lo habíamos adivinado todo. ¿Y el charlatán, falso y mentiroso conde de Saint-Germain, que afirmaba tener dos mil años y saber más que nosotras? Bueno, solo para clientes crédulos. Si realmente hubiera vivido tanto, lo habríamos conocido, ¿a que sí?

En todo el mundo hay videntes, brujos, chamanes que leen el presente y el futuro.

Hay quien usa alfileres según como caigan en un plato, hay quien lee las entrañas de los animales, hay quien escribe la pregunta en un hueso, lo calienta y luego lee la respuesta en las grietas que se forman, hay quien lee la bola de cristal, pero nadie lo hace como nosotras, que usamos la poesía.

Si quieres saber algo y buscarme en mi gruta, antes de preguntar, recuerda mi famoso consejo: «Conócete a ti mismo». Y ahora pregunta, pregunta, pero deberás aceptar cualquier cosa que te diga con mi voz ronca, desde el oscuro antro en que se encuentra el oráculo.

Sibila fue profetisa de la Antigüedad, pero no hubo solo una, sino muchas: la eritrea, la pérsica, la cumana, la líbica y la délfica, la samiana..., según el lugar donde vivieran entre Asia Menor y el Mediterráneo.

La lectura de manos

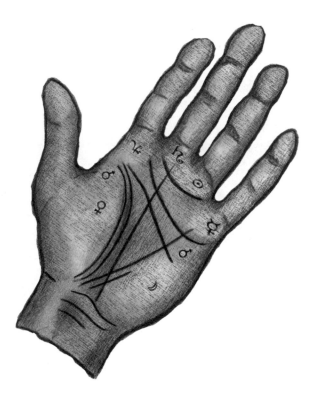

La línea del corazón controla las emociones y te dice cómo ama una persona.

La línea de la cabeza indica la inteligencia y la capacidad de entendimiento de una persona.

La línea de la vida predice la salud y la longevidad. Y si es corta no quiere decir que la vida sea breve.

La línea del destino predice la carrera profesional, si la persona tendrá éxito en la vida y qué cargo y posición ocupará.

GATOS Y BRUJAS
Joan Peterson, la bruja gatuna

ERA UNA NOCHE de luna menguante. La mujer se despertó sobresaltada, ¿qué ruido era ese? Un chirrido, algo que apenas se oía. Hacía días que no podía dormir bien: estaba preocupada, asustada.

«¡La cuna! —pensó con terror—. ¡El niño!» El ruido era el movimiento de la cuna, pero ¿cómo podía ser?, ¿por qué se estaba moviendo la cuna?, ¿qué ocurría?

Las campanas tocaron la medianoche. La mujer se levantó y, sigilosa, fue a la cocina, donde estaba la cuna, el cuarto más cálido de la casa.

A la luz de la luna, medio tapada por una nube, la mujer vio un bulto y ese bulto estaba, ¡sí, no cabía duda alguna, meciendo a su hijo!

La nube se deshizo y la mujer lo vio claramente: era un gato negro muy grande. Se quedó un momento paralizada por el horror, luego agarró el atizador de la chimenea y lo levantó hacia aquel monstruo gatuno que la miró con ojos diabólicos, o por lo menos eso dijo la mujer durante el proceso que se abrió tras este hecho terrible. El gato se escapó por un ventanuco que la mujer, estaba segura, había cerrado antes de acostarse. El niño dormía. La mujer se fue a la cama, sin poder pegar ojo.

Hacía tiempo que se despertaba por la noche y que se sentía como si unas oscuras presencias la observaran. Presentía un peligro inminente y esa noche se había convertido en algo real.

Al poco rato, el mismo ruido. La mujer intentó despertar al marido, pero parecía hechizado y siguió roncando.

La mujer, sin ningún miedo al gato, se dirigió a la cocina. Enseguida le llamó la atención el ventanuco abierto, y eso que poco antes lo había vuelto a cerrar. Otra sorpresa la esperaba: el gato, en lugar de estar al lado de la cuna, estaba… dentro de ella.

La mujer se abalanzó hacia la cuna y le lanzó una patada a la bestia diabólica. El niño parecía muerto. El gato maulló por el dolor y entonces el bebé se despertó llorando, aunque lo hizo de una forma rara, como si fuera un ratoncito.

El gato saltó por la ventana y escapó al corral. La mujer, aliviada, cogió al niño y lo estrechó contra el pecho. El marido asomó la cabeza por la puerta con cara adormilada.

—No podía levantarme —le dijo—. Es como si tuviera algo que me aplastara el pecho y soñé, soñé con un gato pero que era al mismo tiempo una mujer y me miraba con unos ojos…

—Ya me lo imaginaba: es nuestra vecina, Joan Peterson, si la miras a la cara se parece a un gato y aquellos ojos verdes, grandes y rasgados… ¡Es una bruja!

Y la denunciaron. Un hornero afirmó haber visto a un gato convertirse en Joan y cruzar por el corral delante de su horno, de madrugada, como si tal cosa, sacudiéndose, algo molesta, su larga cabellera. Bruja, bruja.

Joan Peterson, conocida por tener cara de gato, fue acusada de provocar la muerte de lady Powell y de otro hombre. En 1652 fue ahorcada, no sin antes mirar a los ojos al juez con su cara gatuna. El juez no pudo dormir nunca más sin escuchar por la noche maullidos espantosos. Muchas fueron las mujeres juzgadas por sus conocimientos de las hierbas, entre ellas, además de Joan, recordamos a Gwen Ellis, Margaret Barkley y Alizon Device, que fueron simples curanderas. Y de las buenas.

Grandes procesos por brujería

Primera parte

Chelmsford, Inglaterra, 1566

Acusadas:

- Elizabeth Francis; delitos: actos de brujería, causar la cojera del joven William Augur, mantener negocios con el Diablo, robar una oveja, matar a un hombre rico, el señor Byle, por no querer casarse con ella a pesar de haber tenido un hijo juntos, matar a su hija de seis meses. Sobre todo acusada de poseer un espíritu familiar con aspecto de gato con manchas negras. Pruebas: ninguna.
- Agnes Waterhouse; delitos: culpable de hechizar y matar al señor Fynne, ahogar la vaca de la viuda Gooday, provocar la muerte de su marido, poseer un perro negro con rostro de mono, cuernos, cola pequeña y silbato de plata en el cuello; todo esto gracias al gato que le había dado su vecina y amiga, Elizabeth Francis a cambio de un pastel. Pruebas: unos rasguños en la cara. Se admite la tortura.

Triora, Italia, 1587

Acusados: trece mujeres, cuatro muchachas, un niño. Las autoras de los delitos más graves son Gentile, Franchetta e Isotta. Acusaciones: causar hambruna y carestía en las tierras de Liguria y asistir a aquelarres en la casa conocida como Cabotina y en la fuente de la Nuez.

Llegada de dos inquisidores; quejas por parte del consejo de los ancianos de Triora; llegada del Inquisidor general de Génova; trece brujas encarceladas; se admite la tortura; se aconseja mantenerlas despiertas durante 45 horas y quemarles los pies para que hablen.

Revisión del proceso; otras cinco brujas encarceladas. Pruebas: ninguna.

Revisión del proceso en Roma. El Santo Oficio romano las absuelve.

Cinco mujeres ya han muerto en la cárcel. Las otras salen libres.

LADY GLAMIS
Ni bruja, ni mala

—¡Sí, MI MADRE es bruja y quiso asesinar al rey!

Tras varios días de tormentos, John, el hijo de lady Janet, confesó. Lady Janet Glamis fue acusada de brujería, encarcelada, torturada y quemada viva.

Si hablara el rey de Escocia, Jacobo V, diría:

—Encontramos a la maldita bruja en un cuartucho secreto de su castillo de Glamis, sobre una olla humeante de la que salían burbujas de líquido verdinegro, una poción con la que sin duda trataba de envenenarme. Todos lo vimos. Sobre la superficie se formaban círculos viscosos negruzcos. Flotaban huesos y algo asqueroso y pestilente parecido a algún molusco. La bruja pronunciaba palabras mágicas, demoníacas. ¡Para matarme a mí, el rey de Escocia!

Si hablaran los servidores, allegados y damas de lady Janet Douglas de Glamis, dirían:

—Lady Glamis era hermosa, buena. Una mujer tranquila y amable. Trataba a todo el mundo con cariño. Había recibido una educación refinada. ¿Cómo puede ser que a una mujer sin tacha alguna se la acuse de brujería? Es imposible, es una afrenta. El rey se arrepentirá de lo que ha hecho.

¿Quién tenía razón?

Para entenderlo hay que retroceder en el tiempo. Los hechos hablarán por sí solos: cuando murió el rey Jacobo IV, Jacobo V era demasiado pequeño para reinar, así que se encargó de la regencia su madre, Margarita Tudor, la cual se casó con el conde de Angus. El duque, lo primero que hizo fue confinar durante años a Jacobo en el castillo de Edimburgo. Margarita se divorció y liberó a su hijo, que pudo gobernar como rey de Escocia, pero Jacobo V sentía una necesidad imperiosa de venganza contra la familia de los Angus. Pues ¿qué hizo? La tomó contra la hermana del conde, la desafortunada lady Janet de Glamis, a la que acusó de preparar brebajes y venenos contra él. Todo falso. La quemó en 1537, entre el silencio general de la corte, horrorizada por tener que participar en un absurdo e injusto juicio.

Lady Glamis no desapareció del todo tras su muerte, pues se cree que el fantasma de una mujer vestida de gris que suele aparecer en la capilla o en la torre del reloj del castillo de Glamis, es ella. En la capilla siempre le dejan una silla vacía para su comodidad.

Grandes procesos por brujería

Segunda parte

Logroño, España, 1610. Las brujas de Zugarramurdi

Acusados: Graciana de Barrenechea y otros 30 imputados entre brujas y brujos; delitos: acusados por celebrar aquelarres en el prado del Cabrón de Zugarramurdi, por adorar al Diablo en forma de macho cabrío, por participar en bailes y comilonas inmundas, por arruinar campos, provocar tempestades y enfermar al ganado, por causar la muerte de hombres y mujeres, por chupar sangre de niños, por espantar a viajeros, por tener espíritus familiares como sapos y otros animales. Las 18 personas que confesaron recibieron el perdón con el sacramento de la penitencia, las seis que se resistieron fueron quemadas vivas y otras cinco se quemaron en efigie pues murieron durante el proceso. Pruebas: ninguna comprobada. Se admite la tortura.

Salem, Estados Unidos, 1692

Acusados: Tituba, esclava aborigen, primera culpable; 141 personas detenidas. 20 ejecutadas. Delitos: posesión diabólica, bailes prohibidos, participación en aquelarres junto con el Diablo, asesinato de niños, evocación de los muertos. Pruebas: las muchachas afirman que las acusadas les aparecen en forma de espectro para invitarlas o atormentarlas, hablan lenguas extrañas, están obsesionadas y se vuelven violentas. Basta con la denuncia. Se admite la tortura.

GERTRUDIS *LA TUERTA*
O la bruja Chancha

CERCA DE LA IGLESIA de San Sebastián, en febrero, se celebraba una fiesta muy concurrida. Para acudir a ella los fieles debían pasar por una quebrada solitaria, pues la iglesia se encontraba a un kilómetro en las afueras de la ciudad. En esas fechas, rondando la medianoche, a quienes iban solos solía presentarse una cerda inmensa y monstruosa con intención de atacarlos: la Chancha.

Más o menos en la misma zona vivía una anciana a la que llamaban Gertrudis *la Tuerta* y que todo el mundo sospechaba que podía ser bruja. Su aspecto no la ayudaba: era alta y seca, enjuta de rostro, pelo canoso y lacio, ojos saltones, mentón pronunciado que casi se juntaba con la nariz y una verruga le decoraba la mandíbula de la que salía un diente o, más bien, un colmillo.

Una vecina, otra viejita del mismo estilo, le advirtió:

—Mira, hija, que por ahí cuentan que eres tú la Chancha esa que va por los andurriales cerca de la quebrada de San Sebastián. Si de verdad te dedicas a eso, mejor déjalo por algún tiempo.

Pero la vieja se echó a reír y había que ver cómo le temblaba el colmillo, que parecía hacerle cosquillas a la nariz puntiaguda. Le respondió que cómo se le había ocurrido aquel disparate. Y no le hizo el menor caso.

Una noche de febrero, terminado el primer día de fiesta, una banda de músicos cruzaba por la quebrada camino de casa, pero uno de ellos estaba tan borracho que no hubo forma de levantarlo y se quedó allí, debajo de un árbol. La Chancha salió de la hojarasca a la carrera y lo embistió varias veces, dejándolo todo golpeado, lleno de magulladuras y bien embadurnado de tierra, pues vestía de blanco. El hombre, que se llamaba Mónico, determinado a vengarse, preparó un puñal y el segundo día volvió a la fiesta, pero no tomó nada. Llegado el momento se hizo pasar por borracho y se quedó en el mismo lugar de la noche anterior.

Al poco apareció la Chancha que enseguida se le echó encima, pero Mónico sacó el puñal y se lo clavó en la pata. La bestia herida escapó a la carrera mientras Mónico le gritaba:

—¡Párate, bruja, ya sé quién eres!

Al día siguiente se rumoreó que a Gertrudis se le había gangrenado la pierna. Gertrudis *la Tuerta* murió de la infección y la Chancha no volvió a aparecer.

La iglesia de San Sebastián se encuentra en las afueras de la ciudad de Comayagua, en Honduras. Y chancha es un sinónimo americano de «cerda». No es la única bruja hondureña famosa, ya que se encuentra en buena compañía junto con la Chorca, la Bruja Lechuza, la Siguanaba, la Sucia...

La mesa de la bruja

¿Qué comen las brujas?

Lo echo todo en la olla
zanahoria, apio y cebolla,
sapos, murciélagos sabrosos,
hierbas y niños gustosos.
¿Y qué más pongo?
Algún que otro venenoso hongo.
Y para obtener mejor resultado
un puñado de dientes de ahorcado,
mal de ojo, perejil e hinojo.
Husmea,
mezcla,
tritura.
¡Qué bien huele la mixtura!
Un poco de lavanda y helecho,
y ahora... buen provecho.
Te invito a mi mesa a comer.
¡No tengas miedo, a lo mejor te como a ti también!

Pero, recuerda, todo sin sal. Si en el aquelarre sale un plato salado, el Diablo se escapa enseguida.

LA BRUJA Y FAUSTO
Pentáculos y apuestas

Fausto era un estudioso muy sabio. A Mefistófeles se le metió en la cabeza la idea de apostar con Dios a que lograría convertirlo en una persona malvada. Dios no quiso apostar con el Diablo, aunque sí le permitió hacer con Fausto lo que quisiera.

—¿Adónde vamos ahora, Mefistófeles? —le preguntó Fausto al demonio, que lo acompañaba en miles de aventuras.

—A ver a una bruja, conocida mía.

—No me gustan las brujerías.

—¿No quieres volver a ser joven, amigo Fausto? Pues, ven conmigo, ella conoce el secreto.

Fausto se dejó convencer. La bruja no estaba en casa, aunque sí sus dos extraños servidores, que eran una mezcla de gato, lince y mono, enfrascados en remover una sustancia hedionda dentro de una marmita que hervía en la chimenea. Canturreaban:

—El mundo es así: va subiendo y bajando y no deja de rodar. Pero al final te morirás, el mundo es de barro y se pulverizará. Miauuuu.

Enseguida se pusieron a brincar y se olvidaron de la olla, que empezó a rebosar. Entonces bajó por la chimenea la bruja:

—¡Ay, malditos animales! Habéis descuidado la marmita y me habéis chamuscado. Y ustedes, ¿quiénes son? ¡Fuera de aquí!

—¡Qué modales son estos! ¿No me reconoces, bruja, espantajo? ¿Me has perdido el respeto? —le dijo Mefistófeles.

En aquel momento la bruja lo reconoció y le pidió perdón mil veces.

Entonces Mefistófeles aprovechó el momento para pedirle un poco de su famosa poción de la eterna juventud.

—Con mucho gusto —respondió la bruja—, pero ten en cuenta que si este hombre no está preparado, morirá en menos de una hora —agregó en voz baja.

—Descuida —la tranquilizó el Diablo—, a Fausto le sentará bien.

Entonces, la bruja trazó en el suelo un círculo y dentro un pentáculo, una estrella mágica. Entró en ella con sus servidores, que usó como trípode donde poner su libro de magia, colocó unos objetos misteriosos y pronunció estas palabras:

—Haz de uno diez y réstale dos, e iguálalo a tres. Serás rico así. Quítale el cuatro. Con cinco y seis, te avisa la bruja, siete y ocho harás. Llegó ya el final: nueve es igual a uno y diez no es ninguno. Esta es la tabla de multiplicar de la bruja. ¡Que te aproveche el trago! —terminó la bruja y luego apartó a Fausto de la estrella y le tendió una copa llena de líquido mágico.

Fausto rejuveneció y gracias a esta pócima intentó conquistar a la bella Helena. La historia de Fausto es muy complicada y nos la cuenta, en cinco partes, el escritor alemán Goethe recorriendo muchos años, desde 1772 hasta 1831. El encuentro con la bruja sucede en la quinta parte.

El pentáculo

Consiste en una estrella de cinco puntas que suele dibujarse rodeada de un círculo. Es un talismán que protege a aquel que practica un hechizo. Puede colgarse en el cuello, trazarse sobre un pergamino o en el suelo.

Antiguamente se usaba en los ritos dedicados a Venus. Representa todo el cosmos. Las cinco puntas son el agua, el aire, el fuego, la tierra y el espíritu.

La brujería moderna afirma que las tres puntas superiores son el símbolo de las formas con las que se manifiesta la Diosa Madre. Las dos puntas de abajo, la fertilidad y el Más Allá.

El pentáculo se encuentra también en el libro mágico *La clave de Salomón*, pero formado por una estrella hebrea de seis puntas.

En *Fausto*, en cierto momento, el mismo Mefistófeles se queda preso dentro de la estrella de la bruja. Con la ayuda de un ratoncito conseguirá salir del pentáculo porque el animalillo roe una parte de la estrella. Y si el pentáculo no está completo... es inútil.

LAMIAS, MEIGAS, SORGINAS
Brujas para todos los gustos

LA NUESTRA ES una gran familia: somos magas, hechiceras y sabemos cómo curar con hierbas y también envenenar. De vez en cuando no es ningún problema. Conocemos un sinfín de hechizos, filtros de amor y de muerte y sabemos cómo echar el mal de ojo. Mal de ojo, perejil e hinojo. Je, je, je , ji, ji, ji. En resumidas cuentas, somos brujas.

Nos gusta mucho preparar pócimas en nuestra olla: un poco de veneno de sapo, una aleta de murciélago que le da sabor y un hongo venenoso que hace que el brebaje sea perfecto. Je, je, je, ji, ji, ji.

Y si consigues atrapar algún niño tiernecito, será nuestro plato favorito. Si no lo conseguimos, nos contentaremos con un diente de ahorcado.

Todas compartimos al mismo novio: Satanás, Belcebú o Barrabás, llámalo cómo quieras.

Cada una de nosotras es especial. Somos las profesionales de la brujería. Las chupadoras nos transformamos en avispas o vampiras para cumplir con nuestro deber. ¿Qué deber? ¡Pues el de chupar la sangre, por supuesto! Luego las asumcordas o espías vigilamos casas y personas tras las ventanas, las persianas o, lo que más nos gusta, debajo de tu colchón. Las marimantas llevamos un saco y cazamos a los niños y cuando vemos uno, plaf, dentro del saco. Y ten cuidado con las lavanderas: te invitarán a escurrir la colada junto con ellas, pero si cometes un error en la forma de retorcerla, la desgracia caerá sobre tu casa. Si encuentras a una vidente o una cartomántica, te leerá el futuro del hoy, del mañana o de un mes entero. Pero las más divertidas somos las brujas voladoras: volamos por el cielo haciendo piruetas y acrobacias impresionantes, sin escoba, claro. La escoba ya no se lleva. Como mucho un bastón bien untado con belladona, estramonio o venenos mortales y porquerías de ese tipo.

Finalmente, las agoreiras o viejonas, que nada más nacer ya somos viejas, aunque desde luego vivimos muchos años. Vaya, que las hay para todos los gustos, y tú, ¿cuál prefieres?

Meigas, sorginas o lamias son algunos de los nombres con los que se llaman a las brujas en España, especialmente en el norte, de Galicia a Navarra. Pueden ser magas, curanderas, pero también envenenadoras; conocen el uso de hierbas, filtros de amor y de muerte. Echan el mal de ojo y preparan pociones en su famosa olla. Acompañan al Diablo, con el que bailan en el aquelarre.

Lista de cosas que odian las brujas

- La sal
- El hierro
- Los niños demasiado listos y las muchachas demasiado guapas
- Los hornos abiertos
- Los amuletos espantabrujas
- El agua
- Los espejos sinceros
- Las escobas detrás de la puerta

JUANA DE ARCO
¿Bruja o santa?

INCLUSO SU HORÓSCOPO de nacimiento indicaba su trágico destino, que se cumplió cuando Juana solo tenía 19 años. Fue quemada el 30 de mayo de 1431.

De ella dijeron que era bruja, hereje, mentirosa, adivina, y muchas cosas más como, por ejemplo, santa, buena, heroína, valiente.

Todo lo que hizo Juana, lo hizo en nombre de la fe.

—Oigo voces —confesó a los jueces—. Dios me dice qué debo hacer.

Pero los jueces no podían explicarse cómo una campesina ignorante y analfabeta pudo reunir un ejército bajo su mando, así que no la creyeron. Era demasiado pura e inocente.

Porque esto fue lo que hizo Juana de Arco: Dios le dijo que solo ella podía liberar a su país, Francia, en manos inglesas durante la Guerra de los Cien Años. Juana se convirtió en una superheroína. Se cortó el pelo para hacerse pasar por hombre, porque en aquellos tiempos resultaba imposible que una mujer fuera soldado. Consiguió armadura y espada.

Ella solía charlar con San Miguel, Santa Margarita y Santa Catalina como si fueran su pandilla de amigos. La primera vez que escuchó sus voces tenía 13 años y se encontraba en el jardín de casa de su padre un día de verano. Al principio se espantó, si bien luego entendió que la invitaban a cumplir una misión. Ningún hombre pudo detenerla. Ni siquiera el joven que su familia quiso entregarle como esposo y que ella nunca aceptó.

En el verano de 1428, su ciudad, Orleans, estaba a punto de caer bajo el poder de los ingleses. Fue a hablar con el capitán de la defensa, pero él se burló:

—¿Qué quieres tú, boba? Una muchachita que quiere ser soldado. ¿Dónde se ha visto?

Pero al final tuvo que rendirse frente al carácter decidido de la doncella de Orleans, como la llamarían poco después. Sobre todo tras ver el pequeño ejército que espontánea y mágicamente la seguía. Ese fue el primer problema:

—Los ha hechizado.

No era suficiente con convencer al capitán y Juana, testaruda, se presentó frente a Carlos VII, el rey que muchos no reconocían como tal.

—Es Dios quien me habla, confiad en mí y ganaremos la guerra —le prometió Juana, y Carlos VII confió.

No fue fácil, en absoluto. Muchas batallas, algunas ganadas, otras perdidas. Pero cuando libró el asalto final al castillo de Tournelles, nadie pudo pararla, ni siquiera la herida que recibió en el cuello. Un soldado le propuso un hechizo para curar la herida, pero ella lo rechazó y se lanzó nuevamente a la lucha, impidiendo al rey Carlos VII la retirada y ganando la batalla. La ciudad de Orleans fue libre y el rey fue consagrado. Juana siguió luchando en nombre de Francia. Su destino se estaba acercando: los ingleses la capturaron y como recompensa por todo lo que hizo por su rey, este la abandonó a su destino y se negó a pagar el rescate.

Juana fue acusada de brujería y herejía. No le permitieron un abogado. Alrededor de ella había priores, obispos, notarios, jueces. Pero Juana resistió: se creía inocente por completo, y esto la perdió porque cuando declaró que de niña iba a bailar con sus amigas alrededor de un árbol conocido popularmente por ser de las hadas, la juzgaron:

—¡Bruja y además lleva el pelo corto, viste como un hombre, es una hereje, una loca endemoniada!

Juana salvó a su país de la invasión enemiga, hizo proclamar rey a Carlos VII y fue quemada en 1431. Su único delito: haber colgado unas ramas de flores, un día de fiesta, en un árbol de su pueblo.

En 1456 se revisó el juicio y se declaró inocente a Juana de Arco, en 1909 fue beatificada y en 1920 la proclamaron santa y patrona de Francia. Demasiado tarde para la pobre doncella.

Hombres que defendieron a las brujas

¡Nos oponemos a procesos injustos contra las brujas y afirmamos que las torturas son injustas e inhumanas!

Cornelio Agrippa, mago, s. XVI-XVII

¡La brujería no existe, negamos que las brujas puedan participar en aquelarres!

Friedrich von Spee, escritor y sacerdote, s. XVI-XVII

¡Las brujas no pueden volar, nadie puede volar, qué tonterías!

Samuele de Cassinis, teólogo, s. XVI

La mayoría de las declaraciones son fruto de la imaginación de estas mujeres que solo han pensado o soñado con haber participado en aquelarres con el Diablo.

Joan Wier, médico, s. XVII

Y si lo han hecho es porque han usado plantas que provocan alucinaciones.

Alonso de Salazar y Frías, inquisidor, s. XVII

O se trataba de antiguas fiestas paganas sin magia, ¡ni nigromancias!

Ulrich Molitor, abogado, s. XVI

Es absurdo creer que las brujas puedan de verdad practicar hechizos o provocar muertes, enfermedades o tempestades. ¡Supersticiones!

Walter Scott, escritor, s. XIX

La bruja es una víctima de los inquisidores. Son mujeres sabias que conocen las hierbas y los secretos de la naturaleza.

Jules Michelet, escritor, s. XIX

Mari, Hyrrokin y Holda
Una lucha entre brujas poderosas

L

A NOCHE SE TIÑE de violeta, de negro, de verde. La luna se escapa y se oculta tras una nube. Tiene miedo. Pero ¿de qué? En el monte Blocksberg se han reunido las tres brujas nórdicas: Mari, Holda e Hyrrokin. Han decidido luchar para ver quién es la más fuerte.

Se oye un ruido espantoso y gruñidos. Una bruja gigante, melena suelta esparcida al viento, viene montando un lobo descomunal como si fuera un caballo y las riendas son unas víboras entrelazadas. Es Hyrrokin de Noruega, la bruja vikinga. Los músculos poderosos lucen a la luz de la luna que, curiosa, se asoma detrás de su escondite. Cuando Hyrrokin baja del lobo, deben derribarlo para que no devore a todos los brujos y brujas menores presentes. Todos gritan y lanzan sus «¡Viva Hyrrokin!».

La segunda es Holda, de Alemania, rubia y gorda, a quien sigue su cortejo al grito de: «¡Nuestro ejército está furioso!». Todo el público se asusta porque el cielo se llena de brujos, monstruos, almas y espíritus montando palos, árboles desarraigados, hoces. No parecen ni humanos ni animales, pues no cesan de transformarse constantemente. «¡Viva Holda!».

La última es Mari, de las regiones ibéricas, donde vive en cuevas llenas de oro y piedras preciosas, cerca de ríos y montañas. El público se queda asombrado por la belleza de la Dama, la Señora. Llega cruzando por los aires en un carro, rodeada de fuego. Su vestido es maravilloso, parece hecho de oro y de luz. A Mari hay que halagarla, hacerle regalos, aunque basta con depositar una piedra a la entrada de su cueva. Te recompensará. Sin embargo, se convierte en una bruja malvada y lanza tempestades destructoras a quienes le faltan al respeto.

La sigue su cortejo, «la compaña» de hermosas brujas hadas, las lamias con pies de pato. También sabe transformarse en animal: buitre, carnero, macho cabrío, toro.

Se miran las tres, feroces.

«¿Qué harán? —se pregunta el público—. ¿Una tempestad? ¿Granizo? ¿Rayos? ¿Lucharán convertidas en bestias? ¿Lanzarán tremendos hechizos?»

En cambio, las tres brujas solo intercambian una mirada llena de sabiduría antigua, comprenden las tres a la vez que el enemigo no son ellas, el enemigo es otro: los que creen que ellas son el mal, mientras que quienes hacen el mal son los que persiguen a mujeres como ellas. Entienden que, si se unen, su fuerza será poderosísima. En lugar de una batalla, se arma una fiesta con platos y copas de plata, en el bosque del monte de las brujas. Y al pobre que pase por allí y desee espiarlas, desgracia y muerte.

El Blocksberg, también llamado Brocken o Blokulla, es un lugar mítico que aparece en muchas leyendas y cuentos de hadas, así como el Blokulla de los noruegos y el Cernégula de España. Allí suelen reunirse las brujas del norte de Europa para formar cortejos espantosos y volar por los aires. Holda, Hyrrokin y Mari son brujas mitológicas.

Plantas mágicas

Las campanillas

Para las brujas son las campanas de los muertos. Ten cuidado si te encuentras en una pradera o en un bosque de campanillas, es un lugar de hechizos, magias y espantos.

El serbal

Aleja a las brujas. Por eso se construían las artesas y las mantequeras con ese tipo de madera, para que las brujas no pudieran estropear el pan o la mantequilla.

La artemisa

Es la hierba sagrada de Diana. Se recoge al amanecer de San Juan, caminando hacia atrás. Es una hierba que purifica, amiga de las mujeres, pero puede ser peligrosa, por eso se asocia a las brujas.

La hierba gatera, menta gatuna o nébeda

Es una hierba que relaja y estimula la imaginación de los gatos de las brujas y, de hecho, cuando la comen ronronean, gruñen y se vuelven muy juguetones.

La hierba de San Juan o hipérico

En ciertas zonas de montaña se coloca sobre la puerta como protección. Las muchachas que quieren saber si se casarán, la meten bajo la cama para propiciar un buen horóscopo a la mañana siguiente. Tiene muchos poderes, sobre todo contra las quemaduras del sol.

La Chorca

La bruja lechuza

Es de noche, la Chorca tiene hambre. O mejor dicho, sed. De sangre. La Chorca es una bruja vampira, tiene alas y pico y se mueve ágilmente de un pueblo a otro en busca de niños dormidos. Saca del pico un filamento que hace pasar por las rendijas de los techos, por las hendiduras de las paredes y lo usa para chupar la sangre de los bebés. A la mañana siguiente el niño se despierta blanco y exangüe.

Solo los perros se dan cuenta de la presencia de la Chorca y ladran enloquecidos cuando llega.

Un día, un leñador pasó al lado de la cabaña donde vivía una viuda guapa aunque de tez muy pálida. Lo extraño en ella era que no envejecía nunca. Muchos hombres de los poblados cercanos se enamoraban de ella. El leñador, muy cansado, le pidió un vaso de agua. La viuda se lo dio pero sin acercársele demasiado porque el perro del leñador no paraba de ladrarle. El hombre le dio una patada al perro:

—No sé qué le pasa, disculpe, señora —le dijo a la viuda.

«Es tremendamente guapa», pensaba de regreso a casa, aunque tenía algo en la cara que la descomponía un poco: parecía, tenía un aire como de…, de un pájaro, pero un pájaro hermoso. Esa misma noche la mujer del leñador dio a luz un niño. El perro empezó a ladrar salvajemente, la comadrona empezó a rezar junto con la madre del bebé. El hombre, preocupado, tomó una honda y salió al corral. El perro seguía ladrando aún más fuerte. El leñador vio una sombra alada y un silbido ligero: ¡la Chorca! Entonces cargó la honda con una piedra y la lanzó en la oscuridad. La golpeó directamente en la cara. Silbando, huyó a la selva.

Su hijo estaba a salvo. La Chorca había venido a por él.

Al día siguiente, el leñador fue nuevamente a la montaña a por leña. Cuando volvió a casa pasó frente a la casa de la bella viuda y pensó dejarle un poco de leña para agradecerle el favor del vaso de agua. Tocó a la puerta. El perro empezó a ladrar y a arañar la puerta.

—¡Vete, vete de aquí! —repetía desde dentro la viuda.

El perro consiguió abrir la puerta y se lanzó dentro de la casa con gran fuerza. La viuda, al verlo, escapó por la puerta trasera. El perro fue tras ella y el leñador tras el perro. El perro le mordió una pierna. La viuda se detuvo en medio del patio y el hombre vio que parecía más vieja que el día anterior. Su sorpresa fue aún mayor cuando vio que tenía la cara lastimada como si hubiera recibido… ¡un golpe de piedra! El perro, el golpe, el ojo morado...

El hombre comprendió:

—¡Tú! Tú eres la Chorca. Te golpeé en el ojo.

Ella, la viuda hermosa, era la horrible bruja que todo el mundo llamaba la Chorca.

—¡La otra noche tuve piedad de tu hijo, pero no será así la próxima vez! —chilló la Chorca, desenmascarada.

El leñador cogió el machete y le cortó la cabeza de un tajo y la metió en un saco. Se la enseñó al cura. Cuando la sacaron se llevaron un susto porque la cabeza ya no era de una mujer guapa, sino que se había convertido en un monstruo. El cura echó rápido un poco de agua bendita y, juntos, la enterraron. Luego, incendiaron su choza.

La Chorca es una leyenda de América Central. No existe solo una Chorca, sino varias, y la gente las teme mucho y las llama «las mujeres lechuza».

Los mascotas exóticas de brujos africanos y americanos

Jaguares, aye-aye, chacales…

En África Central se cree que hienas y leopardos son brujos que se han transformado para moverse con rapidez y esconderse en la maleza. Pero no son los únicos animales africanos embrujados, ya que hay también sapos, ranas, serpientes, lagartijas, murciélagos, monos y búhos. No todos son protectores.

Pero si el primer animal que ves en la sabana africana es un chacal, te protegerá de los espíritus malos y tendrás suerte.

En cambio, en Madagascar, temen al inocuo aye-aye, un lémur bastante feo al que se atribuyen hechizos y muertes, pero la única víctima verdadera es él mismo, porque lo cazan ferozmente.

En América Central se cree que los jaguares a veces son brujos buenos que juegan con los niños.

Los chamanes de los nativos norteamericanos piensan que cada uno de nosotros tiene su propio animal totémico mágico que protege e influye en nuestro nacimiento y nos caracteriza. Puedes descubrir el tuyo según tu fecha de nacimiento en la rueda de la medicina:

- nutria (20 de enero-18 de febrero)
- lobo (19 de febrero-20 de marzo)
- gavilán (21 de marzo-19 de abril)
- castor (20 de abril-20 de mayo)
- ciervo (21 de mayo-20 de junio)
- pájaro carpintero (21 de junio-21 de julio)
- salmón (22 de julio-21 de agosto)
- oso (22 de agosto-21 de septiembre)
- cuervo (22 de septiembre-22 de octubre)
- serpiente (23 de octubre-22 de noviembre)
- búho (23 de noviembre-21 de diciembre)
- oca (22 de diciembre-19 de enero)

WANI HUYE
La bruja albina

WANI CORRE, CORRE sin parar. La persiguen. Deja un gran incendio a su espalda. Tiene el pelo medio chamuscado, lo lleva muy corto para que no se note mucho el color. Wani tiene rasgos africanos: nariz chata, boca de labios gruesos..., es muy bonita, pero, tiene la piel clara y el pelo blanco, blanco como la leche. Es albina. Nació con la piel así. La única de su familia.

Toda aquella gente espantosa a su alrededor, con los ojos puestos en blanco gritando cosas raras. Pero ella es solo una niña. No ha podido ir a la escuela porque sus compañeros la temían. Se ha acostumbrado a vivir sola, escondida en la selva para proteger su piel clarita del sol africano. Wani además está muy nerviosa, no tiene mucha paciencia, se mueve constantemente y, de noche, a veces, se levanta y da un paseo sin darse cuenta.

—Es una bruja, es una bruja —dicen en cuanto la ven.

Su familia, convencida de que estaba endemoniada, la vendió a unas personas que primero rezaron con ella, luego la maltrataron y la dejaron días enteros sin comer.

—Antes o después —decían—, el mal saldrá de ella, la brujita blanca.

Un día, recuerda Wani llena de terror, le hicieron tragar unos pececillos vivos y un aceite que apestaba. ¡Qué asco! Querían hacerla vomitar, así expulsaría a los malos espíritus que vivían en ella. Sin embargo, Wani no sentía ningún espíritu dentro de ella, ni siquiera sabía lo que era una bruja. Lo único que quería era esconderse.

Ahora esta gente quiere que el fuego la purifique. Wani ha estado a punto de asfixiarse por el humo. Cuando la han atado al palo y han prendido fuego a unas ramitas secas, ha pensado que iba a morir. En cambio, en un momento de despiste, ha podido escapar. Y ahora corre, corre sin parar.

—¡La bruja se ha escapado! —oye detrás de ella.

De repente una mujer se le para delante. Su huida ha terminado. Pero esta mujer le sonríe, le acaricia el pelo blanco y le ofrece la mano. Lleva un velo en la cabeza y viste de blanco.

—Ven conmigo —le dice—, hay otras como tú donde vivo yo. Ellos son brujos, tú no.

Wani confía en aquella señora y la sigue. En la casa rodeada de altas paredes donde la lleva, hay muchas otras personas que se le parecen: niños, niñas, pero también jóvenes y ancianas. Todos albinos. Ya no está sola. Ha encontrado su casa.

Hoy en día, en muchos países africanos se cree que los albinos son brujos, los persiguen y los maltratan. Llegan a matarlos porque creen que algunas partes de sus cuerpos son necesarias para preparar filtros mágicos. El único delito de estos supuestos brujos es haber nacido con una pigmentación diferente de la piel. Existen misiones y casas como la de Ek'Abana, donde monjas bondadosas como la que encuentra a Wani los acogen y protegen. Las brujas albinas solo sueñan con tener una vida como la de los demás.

Epílogo

AHORA YA SABES casi todo de las brujas y puedes responder a la pregunta: ¿quiénes son más brujos: estas mujeres o quienes las persiguieron?

A nosotras las brujas nos gustan: sus verrugas (perfectas para narices largas y puntiagudas), sus escobas (es súper cómodo volar y hacer piruetas en el cielo), sus vestidos (ideales para disfrazarse en carnaval), sus pócimas y hechizos (sobre todo si estás enamorado o resfriado), su mala suerte (nos caen simpáticas porque siempre mueren en un charco de agua, en un horno o en un barranco), sus mascotas (gatos negros, perros cornudos, monos traviesos, búhos sabios y murciélagos tímidos).

Cuando conozcas a una, en lugar de tenerle miedo o huir, háblale y dile que ahora sabes todo de su mundo: ¡podría ser una amiga ideal!

Y no te olvides de guardar en tu bolsillo un trébol de cuatro hojas... nunca se sabe.

ÍNDICE